新时代大学生思政育人体系路径探索

陶媛媛　著

西北工业大学出版社

西安

图书在版编目(CIP)数据

新时代大学生思政育人体系路径探索 / 陶媛媛著
. — 西安：西北工业大学出版社，2023.6
ISBN 978 - 7 - 5612 - 8749 - 1

Ⅰ.①新… Ⅱ.①陶… Ⅲ.①高等学校-思想政治教
育-教学研究-中国 Ⅳ.①G641

中国国家版本馆 CIP 数据核字(2023)第 115468 号

XINSHIDAI DAXUESHENG SIZHENG YUREN TIXI LUJING TANSUO
新 时 代 大 学 生 思 政 育 人 体 系 路 径 探 索
陶媛媛 著

责任编辑：李文乾		策划编辑：张　晖	
责任校对：万灵芝		装帧设计：李　飞	

出版发行：西北工业大学出版社
通信地址：西安市友谊西路 127 号　　　邮编：710072
电　　话：(029)88491757，88493844
网　　址：www.nwpup.com
印　刷　者：西安五星印刷有限公司
开　　本：787 mm×1 092 mm　　　1/16
印　　张：9.75
字　　数：237 千字
版　　次：2023 年 6 月第 1 版　　　2023 年 6 月第 1 次印刷
书　　号：ISBN 978 - 7 - 5612 - 8749 - 1
定　　价：58.00 元

如有印装问题请与出版社联系调换

前　言

　　高校思想政治教育是对大学生进行系统的马克思主义理论教育、社会主义核心价值观教育，引导大学生树立正确的世界观、人生观和价值观，是落实立德树人根本任务的主要渠道。面对世界范围内各种思想文化交流交融交锋更加频繁、国内社会各种观念意识更加多元多样多变的局面，如何教育引导大学生正确认识世界和中国发展形势，正确认识中国特色和国际局势，正确认识时代责任和历史使命，正确认识远大抱负和脚踏实地，是大学生思想政治教育教学的重点内容，也是思想政治理论课教师必须认真思考和完成的重大而紧迫的课题。我们必须清楚地看到，目前有关大学生思政育人的研究尚比较薄弱，缺乏系统性、深刻性、针对性的研究成果。因此，在我国的高校中，要特别注重对大学生进行思想政治教育，抓紧、抓稳并用好高校这个思想政治教育的主阵地和主战场，用中国化时代化的马克思主义理论武装大学生，践行社会主义核心价值观，培养担当民族复兴大任的时代新人。

　　本书是在使学生获得较为系统、全面、完整的科学理论和学科基础知识的同时，实现学术性知识与体验性知识、理论与实践、课内与课外、校内与校外、显性实践教育与隐性实践教育有机结合的成果。本书共分八章，第一章对新时代大学生思政育人理论进行了综述，主要包括高校思想政治教育概述，新时代大学生思政育人的意义、特征和规律。第二章介绍了新时代大学生思政育人的理论依据，主要有马克思主义关于人的本质、人的全面发展的探讨，中国古代传统文化中的思想政治教育智慧以及思想政治教育学对西方相关教育理论的借鉴。第三章论述了高校实践思政教学改革，涉及学校、家庭和社会多方维度，力图打造多元化、多样化的思政育人体系。第四章至第六章分别基于文化育人、实践育人、网络育人三个向度，研究了新时期大学生思政育人体系的构建内容。高校辅导员队伍素质的高低直接影响高校思政育人的成效和人才培养的质量，因此第七章从辅导员角度入手，探究了辅导员工作对增强高校思政育人能力的重要意义。加强大学生思想政治教育，是高校一项长期的系统工程，关键是要构建一套能充分保障大学生思想政治教育不断取得实效的长效机制，因此第八章详细分析了构建大学生思想政治教育长效机制的路径，进一步促进了高校思想政治教育全面协调可持续发展。

　　本书体系完整、层次清晰，紧抓时代脉搏，客观分析了新时代大学生思政育人建设的必要性及重要意义,较为全面地阐释了大学生思政育人体系建设路径,具有重要的现实意义。

在撰写本书的过程中,得到了许多专家学者的帮助,在此表示诚挚的谢意。

由于水平有限,书中内容难免有疏漏之处,希望各位读者多提宝贵意见,使之更加完善。

著　者

2022 年 11 月

目　　录

第一章 新时代大学生思政育人理论综述

第一节 高校思想政治教育概述

一、思想政治教育

学术界对思想政治教育的内涵有着不同的观点。有的学者认为,思想政治教育就是政治思想教育,是为了实现人的政治社会化而进行的教育。这里把重点放在政治思想、观念和行为的教育上。有的学者认为,思想政治教育主要是进行思想道德教育,是为了促进和加强人的道德修养,培养高尚的道德品质。还有的学者认为,思想政治教育包括思想教育、政治教育、道德教育和心理教育等,内容相对宽泛。仓道来在《思想政治教育学》中对思想政治教育所下的定义是:"一定的阶级、政治集团为实现其根本政治目的和经济利益,而对人们进行有意识、有目的、有计划的施加本阶级、本集团思想政治等意识形态方面影响的社会活动。"陈秉公在《思想政治教育学原理》中对思想政治教育所下的定义是:"一定阶级或政治集团,为了实现其政治目标和任务而进行的,以政治思想教育为核心与重点的思想、道德和心理综合教育实践。"

把握思想政治教育的内涵就要对"思想""政治""教育"这三个核心词进行分析。《现代汉语词典》(第7版)对思想的定义为"客观存在反映在人的意识中经过思维活动而产生的结果"。思想是思维活动的结果,属于理性认识,一般也称为"观念"。人们的社会存在决定着人们的思想。关于政治的论述是思想政治教育的定义中比较一致的地方。教育区别于工作,思想政治教育是思想政治工作的一个组成部分和主要内容。基于上述认识,本书采用陈万柏、张耀灿在《思想政治教育学原理》中对思想政治教育所下的定义:"思想政治教育是指社会或社会群体用一定的思想观念、政治观点、道德规范对其成员施加有目的、有计划、有组织的影响,使他们符合一定社会、一定阶级所需要的思想品德的社会实践活动。"

二、高校思想政治教育

思想政治教育是一种教育实践活动。教育是社会按照一定的需要培养合格的社会成员的实践活动。思想政治教育有广义和狭义之分,狭义的思想政治教育专指学校教育。高校思想政治教育是指高等院校按照一定的社会要求,有目的、有计划、有组织地培养学生的思想品德、政治素养和心理素质,使他们符合一定社会要求的社会实践活动。

高等学校的根本任务是培养德智体美劳全面发展的社会主义建设者和接班人。大学生的思想道德素质、科学文化素质如何,直接关系着党和国家的前途命运,关系着中国特色社会主义事业的兴衰成败和中华民族伟大复兴目标的实现。为此,我们必须重视高校思想政治教育,把坚持坚定正确的政治方向放在教学工作首位。

高校对学生的思想政治教育,通常与“德育”有很大的一致性。2008年《中国普通高等学校德育大纲》中写道:“德育即思想、政治和品德教育,它体现教育的社会性与阶段性,是学校教育的重要组成部分,它与智育、体育等相互联系,彼此渗透,密切协调,共同育人。高等学校德育对学生健康成长和学校工作具有导向、动力、保证作用,对建设社会主义物质文明和精神文明,促进社会全面进步具有重要意义。高等学校德育的任务,是用马克思列宁主义、毛泽东思想和邓小平建设有中国特色社会主义理论教育学生坚持社会主义方向,树立科学的世界观和正确的人生观,形成良好的道德品质,把学生培养成为有理想、有道德、有文化、有纪律的一代新人。”

高等学校对大学生进行思想政治教育,引导大学生热爱社会主义祖国,拥护党的领导和党的方针政策,确立中国特色社会主义事业的正确政治方向;通过学习马克思列宁主义、毛泽东思想、邓小平理论、“三个代表”重要思想、科学发展观及习近平新时代中国特色社会主义思想,逐步树立科学的世界观、人生观和价值观;弘扬社会主义道德,学习为人民服务精神,具有艰苦奋斗的精神和强烈的使命感、责任感;自觉遵纪守法,具有良好的道德品质和健康的心理素质。高等学校要把人才培养作为根本任务,要把思想政治教育摆在首要位置,贯穿于教育教学的全过程。教育的根本任务是育人,教育要坚持以学生为本,强调学生在教育当中的主体地位,使思想政治教育成为大学生内在的强烈的需求。这就要求高校把思想政治教育工作做到大学生的心里去,要贴近实际、贴近学生,努力提高思想政治教育的针对性和实效性。

从内涵概括来讲,如今的高校思想政治教育已经完成了由以意识形态为主的内涵向以科学性为主的内涵的转变。思想政治教育学科专业建设在高度重视意识形态性质的同时,对本学科的科学性研究正在深入。高校思想政治教育的这种科学性,反映在人类进入阶级社会以来,所有社会的统治阶级总是运用一系列范畴、原则、方法,整合社会、教育民众,开展政治动员,完成社会组织的任务,并且形成了一定的规律。从内涵体系、属性来讲,今天的思想政治教育学科已经完成了由单一的阶级性内涵向综合性、实践性、科学性内涵的发展,并进入内容丰富、渐成体系、提高发展、内涵凸显的崭新阶段。

我们可以将高校思想政治教育的专业内涵概括如下:高校思想政治教育是以马克思主义哲学原理、政治经济学原理和科学社会主义原理进行分门别类研究的事实为基础逐步形成的,是对中国化马克思主义理论和实践的科学内涵、精神实质、内在逻辑和实践进行整体性、综合性研究的专业学科。在马克思主义理论一级学科下属的诸个二级学科中,高校思想政治教育是极具运用性的特殊学科。它旨在研究在马克思主义指导下的具有中国特色、中国气派的思想政治教育的基础理论、学科体系和实践总结。它至少包括:研究无产阶级经典作家关于思想政治教育的经典论著、理论基础及其形成和发展,把握思想政治教育的指导思想、理论基础、基本原则的学科体系;研究当代社会思潮与思想政治教育对象的变化,把握思想政治教育理论和实践的科学性;研究思想政治教育的内容和方式,把握思想政治教育的基本原理和方法论。

高校进行思想政治教育,就是要使大学生从整体上学习和认识思想政治教育的基本理论、基本过程,掌握从事思想政治教育实践的基本规律和基本方法,初步运用马克思主义的立场、观点和方法,研究和分析现实社会问题、思想认识问题和社会发展问题,注重基本理论和基础知识的学习与掌握。对大学生的培养,还要注重专门知识和专业理论的学习,同时应注重前沿知识和前沿理论的学习和研究。

高校思想政治教育的核心内容,已逐渐形成一个相对完整的科学体系。目前该体系可概括为三个层面五项内容:①居于最高地位的、任务最艰巨的、在思想政治教育内容体系中起支配作用的"政治教育";②最经常的、最普遍的、具有认知性特点的"思想教育";③处于底层、最具基础地位和基本特点的"道德教育""心理教育"和"法纪教育"。其中,"政治教育"是信仰性教育,重在灌输、主导和控制;"思想教育"是认知性教育,重在启发、说理和引导;"道德教育"是规范性教育,重在内省、养成和自律;"心理教育"是自励性教育,重在劝导、激励和体验;"法纪教育"是保障性教育,重在强化、自制和他律。

三、高校思想政治教育的主要任务

高校思想政治教育的内容十分广泛,这些内容共同构成了高校思想政治教育的主要任务。

第一,要以理想信念教育为核心,进行正确的世界观、人生观和价值观教育。大学生应树立正确的理想信念,培养高尚的道德情操。人总是要有点精神的,理想信念是人生的精神支柱和动力源泉。高校要积极引导大学生不断追求更高的目标,确立马克思主义的坚定信念;要教育大学生树立在中国共产党领导下走中国特色社会主义道路、实现中华民族伟大复兴的共同理想和坚定信念。世界观是人们对生活在其中的世界以及人与世界的关系的总体看法和根本观点。人生观是世界观的重要组成部分,是人们在实践中形成的对于人生的目的和意义的根本看法,它决定着人们实践活动的目标、人生道路的方向和对待生活的态度。价值观是人们关于什么是价值、怎样评判价值、如何创造价值等问题的根本观点。世界观、人生观和价值观教育对于高校思想政治教育是非常重要和必要的,它符合大学生这个年龄段的认知特点,对大学生正确看待自己、人生和社会有着至关重要的意义。

第二,要以爱国主义教育为重点,突出弘扬和培育民族精神教育。爱国主义是中华民族的优良传统,是中华民族生生不息、自立于世界民族之林的强大精神动力。"以热爱祖国为荣,以危害祖国为耻",做一个忠诚的爱国者,是对当代大学生的基本要求。中华民族是富有爱国主义光荣传统的伟大民族,在5000多年的历史发展过程中,我们形成了以爱国主义为核心的团结统一、爱好和平、勤劳勇敢、自强不息的伟大民族精神。培育大学生的爱国主义精神,就是要让大学生了解祖国悠久的历史文化和优良传统,了解中国的基本国情,认清祖国的美好未来和自己的社会责任,培养爱国主义情感。爱国主义是一个历史范畴,有着鲜明的时代特点,在社会发展的不同时期、不同阶段有不同的具体内涵,随着时代的发展而不断注入新的内容。高校应教育大学生了解历史,懂得只有社会主义才能救中国、才能发展中国的真理,积极为社会主义现代化建设做好准备。

第三,要以基本道德规范为基础,进行公民道德教育。大学时期是人生道德意识形成、发展和成熟的重要阶段,在这个时期形成的思想道德观念对大学生的一生都有很大影响。大学生要继承和弘扬中华民族优良道德传统,全面把握社会主义道德建设的核心、原则,自觉恪守公民基本道德规范,努力养成良好的道德品质。高校应教育大学生了解道德及其历史发展,坚持以为人民服务为核心,以集体主义为原则,树立社会主义荣辱观,学习社会公德、职业道德和家庭美德,自觉遵守基本道德规范,努力提高思想道德素质。

第四,要以大学生全面发展为目标,深入进行素质教育。高校应以素质教育为依托,拓展思想政治教育的内容,促进大学生思想道德素质、科学文化素质和身心素质的协调发展。促进大学生全面发展要十分重视大学生的心理健康教育。现代社会的竞争与发展,使大学生的心理问题日益突出,高校要根据大学生的心理特点,有针对性地开展心理辅导,提高大学生的心理调适能力。

高校思想政治教育任务的完成,需要坚持科学性、时代性和规范性的原则。

思想政治教育的科学性是指思想政治教育的开展要符合思想政治教育的规律,它是实现思想政治教育实效性的理论基础。根据思想政治教育的规律开展思想政治教育实践,是其科学性的基本要求,也是解决其低效问题的根本办法。以科学性为基础,充分发挥规范性与合情性教育优势,是增强思想政治教育实效性的重要途径。

思想政治教育的时代性是指思想政治教育内容要把握时代主题,不断拓宽教育领域,从符合时代要求的思想和观念中提炼鲜活的教育资源,不断赋予高校思想政治教育以鲜明的时代特征、时代内容和时代风格。思想政治教育的时代性要求教育内容紧密联系当今时代重大现实问题和大学生的实际,使教育富有生机和活力。

思想政治教育的规范性是指思想政治教育在进行传统的理论教学和思想教育的同时,还应该以大学生全面发展为目标,注重加强民主法制教育,增强遵纪守法观念。规范性是实现实效性的有效保障,也是思想政治教育目标在思想政治教育对象法治意识和行为规范上的具体体现。

四、当代高校思想政治教育的目标

(一)当代高校思想政治教育目标的内涵

新时期,思想政治工作面临着一个全新的环境。我们加强和改进思想政治工作,就是为了更好地统一全党全国人民的思想,培养有理想、有道德、有文化、有纪律的社会主义新人,调动广大人民群众的积极性,进行以经济建设为中心的社会主义建设。

这一时期思想政治教育目标的内涵,是依据社会的发展需要和人的发展需求确立的。它以客观条件为依据,受客观条件的制约和检验,是科学的、明确的。

1. 它反映了时代要求和中心任务的需要

当代高校思想政治教育的最终目标是为社会主义建设事业服务，它紧跟时代步伐，不仅反映了我们党和国家奋斗目标的时代要求，还反映了党在新时期的中心任务的需要。马克思主义社会经济学对共产主义制度的阐述和构想是，共产主义社会的实现不是一蹴而就的，它和任何新生事物一样，都要经历一个从萌生、发展、成熟到最后终结的曲折过程，这个过程对于共产主义社会而言，是一个漫长的历史发展过程。它不是一下子就走向成熟的，中间会经历许多历史阶段，由于每个历史阶段的发展目标不同，因而任务、特征、难易程度和历程等也不同。我国对于共产主义的理解和实践有着鲜明的中国特色，我国的社会经济、政治、文化的发展水平在每一个发展阶段略有不同，党和政府会根据这些具体的现实情况的不同，确定每个时期的中心任务。根据目前我国各个方面的发展情况可以明确，我国当前并将在未来的很长时间内处于社会主义初级阶段，这个大前提决定了我国建设社会主义现代化，最终实现共产主义要先踏实走过这个社会主义初级阶段，而不能逾越这个历史阶段。在这个初级阶段，党的十九大综合分析了国际国内形势和我国的发展条件，提出了把我国建设成为富强、民主、文明、和谐、美丽的社会主义现代化强国。为了和社会主义初级阶段的国情相适应，思想政治工作的总体任务和具体任务就要有一个明确的定位，不仅应努力提高人们对社会发展规律的科学认识，激发人们为实现远大理想而奋斗的热情、毅力和斗志，还应围绕现阶段党和国家的中心任务，坚持以习近平新时代中国特色社会主义思想为指导，努力实现中华民族伟大复兴的中国梦，在坚持人民群众是实践的主体、是历史的创造者的基础上，发挥人民群众的能动作用，引导并带领群众抓好"五位一体"的经济建设、政治建设、文化建设、社会建设、生态文明建设，在谋求经济社会发展的同时达到人的精神文化和其他素质（包括道德素质、思想文化素质、心理素质等）的提高，真正起到宣传群众、动员群众、组织群众的作用，使思想政治工作的最终成果达到从群众中来到群众中去，真正做到帮助群众、依靠群众，引导广大人民群众达成共识，共同投身于建设中国特色社会主义的事业，满足党和国家事业的需要。反之，如果我们不能让群众积极地加入建设队伍中来，不能让群众理解、支持党的政策，把思想政治工作搞成形式主义的说教，甚至说假话、空话、大话，将导致群众产生严重的抵触情绪，不信任党，不理解党领导的事业，不能与党和政府同心同德为共同的事业而奋斗，这就表明我们的工作出了大问题，必须进一步加强与改进。

2. 它反映了工作对象的思想政治品德现状和发展的需要

高校思想政治教育最终是为社会主义建设事业服务的，因此，它的首要目的是提高人们的思想觉悟和认识水平，理论联系实际，把理论运用到现实生活中，用马克思列宁主义、毛泽东思想、邓小平理论、"三个代表"重要思想、科学发展观以及习近平新时代中国特色社会主义思想武装人们的头脑，提高人们的思想道德素质，从而加强人们认识世界、改造世界的能力。

高校思想政治教育的展开涉及传播者和工作者两个具体的对象，思想政治工作的实质就是思想政治的授受过程，因此，思想政治工作的目标和高校思想政治教育工作对象的客观状况有着密切的联系。工作对象的客观状况具体包括三个方面：一是工作对象自身的思想政治品德现状；二是工作对象的知识结构水平、思想认识、身心发展的实际情况，工作对象思想政治品德的形成、发展和变化规律；三是工作对象把思想政治品德"外化"为实践、知行统一、行为践履的客观状况。在实际工作中，我们必须对工作对象的思想状况做详细考察，可以通过细致到位的思想政治工作克服一些不良思想倾向的影响。只有这样，才能科学地把握现阶段思想政治工作目标的内涵要求。反之，如果对工作对象的思想实际了解不深、掌握不多，甚至一无所知，对工作对象的思想行为发展趋势不能准确地把握预测，那就好像农民不懂庄稼、医生不懂病人一般，就会出现思想政治工作者把工作内容强加于工作对象，使工作陷入唯心主义泥潭的局面。其实，这种现象在实际工作中并不少见，有些思想政治工作者不仔细研究工作对象的客观状况，不以改造工作对象的思想为己任，教育内容体现不出工作对象的个性特征，当然也就实现不了提高工作对象认识水平的目标要求。我们加强和改进思想政治工作，就必须认识到思想政治工作目标反映的这一要求，从而摒弃那种空对空的工作方式。

总之，思想政治工作的目标是依据并顺应社会发展的客观要求提出的，是为完成认识世界和改造世界从而推动社会发展的历史使命提出的，它反映了客观世界发展的本质规律。科学的思想政治工作目标面向客观世界，依赖于客观世界，客观世界规定了思想政治工作目标的内容和性质。思想政治工作目标体现着党和国家的奋斗目标、工作对象的思想状况、历史实践的需要，这些都要受到社会客观条件的制约。我们只有根据目标所反映的客观要求加强和改进思想政治工作，才能紧跟形势，适应需要，体现出时代特色，推动社会发展。

(二)当代高校思想政治教育目标的内容

1. 政治目标

政治目标是指当代高校思想政治教育在政治素质方面的目标。思想政治工作者首先应引导学生具备基本的政治要求，即用爱国主义思想教育工作对象，使其成为忠诚的爱国主义者。其次，应使学生努力学习马克思列宁主义、毛泽东思想和中国特色社会主义理论体系。当前，要以习近平新时代中国特色社会主义思想为指导，教育学生学会用科学的思想政治观念武装头脑，正确认识人类社会历史发展的客观规律，把握中国特色社会主义奋斗的方向和目标。最后，应帮助学生树立社会主义民主法制观念，使广大学生知法、懂法、守法，并学会运用法律武器保护自己的合法权益，维护社会稳定。

2. 思想道德目标

思想政治教育在思想道德方面也有着重要作用。要使学生在继承传统美德的基础上，发扬社会主义道德，树立以为人民服务为核心、以集体主义为原则的道德观，正确处理个人、集体、国家之间的利益关系。当个人利益与集体利益、国家利益发生矛盾时，自觉地以个人利益服从集体利益、国家利益，从而使良好的社会公德、职业道德和家庭美德在全社会得到进一步弘扬。

3.观念能力目标

思想政治工作者应进一步解放学生的思想,克服旧观念的束缚,帮助学生树立适应社会主义市场经济发展的竞争、自主、平等、创新、开拓等新观念;培养学生的观察能力、分析能力、辨别能力、创新能力等,特别应引导学生自觉识别抵制封建主义、资本主义腐朽思想、迷信思想的侵蚀,树立科学观念。新时期高校思想政治工作者还应注意学生的心理健康问题,引导学生增强在激烈竞争的环境中的心理承受力和心理调适能力,使之具备良好的心理品质,培养自尊、自爱、自律、自强的优良品质。还应注重提高学生的善恶观念和审美能力,引导学生树立正确、健康的审美观,提高学生辨别美丑、创造美的能力。

五、明确当代高校思想政治教育目标的意义

(一)方向性意义

目标就是方向。高校思想政治教育目标就是培养学生在思想、政治、道德素质上应该达到的高度,明确要培养具有什么样的政治思想和道德素质的人。高校思想政治教育目标是高校思想政治教育者和受教育者都应努力的方向。对教育者而言,高校思想政治教育目标是实际工作的指标;对受教育者而言,高校思想政治教育目标是思想素质和道德水平所应达到的程度。如果高校思想政治教育工作脱离目标,不仅会造成大量人力、物力、财力的浪费,而且会导致工作结果完全朝背离我们所需要的方向发展,甚至从反面阻碍我们事业的发展,阻碍学生思想品德的提高,阻碍全社会良好风气的形成,最终带来严重的危害和损失。

(二)推动性意义

明确当代高校思想政治教育目标能够推动高校思想政治教育活动的展开。高校思想政治教育的目标是高校思想政治教育活动开展的预期结果,能让教育主体和教育客体看到教育结果及其价值所在,从而产生为实现这一结果努力的强大动力。在社会实践活动中,人们总是为一定的目标而努力,目标也因此具有激励人们积极开展实践活动的作用。高校思想政治教育目标对于教育者和受教育者都具有激励作用。对教育者而言,目标达成表明其工作有效,因而得到社会的褒奖和肯定,从而继续努力;对于受教育者而言,目标达成意味着其思想素质和道德水平达到社会的要求,成为社会需要的人,得到社会的认同和接纳,从而更主动地接受高校思想政治教育。因此,在高校思想政治教育活动中,科学、具体、可行的目标可以提高教育者和受教育者两个方面的积极性,发挥他们积极参加高校思想政治教育的主动性。

(三)检验性意义

效果检验是高校思想政治教育的重要环节。要保证检验的客观性,就必须依赖一个统一的客观标准,这个标准就是高校思想政治教育目标。因为高校思想政治教育目标包含对教育者、受教育者、教育内容等方面的具体要求和规定,反映了党和政府对高校思想政治教

育的总体要求,所以依据高校思想政治教育目标对教育者进行评价更具有客观性和公正性。

(四)应变性意义

在中国共产党创立初期,需要大力宣传马克思列宁主义,对工人、农民等进行启蒙教育,于是开办了工人夜校、农民夜校、工人俱乐部,并出版了马列主义刊物等;到了抗日战争时期,思想政治工作目标发生了变化,要求彻底清算王明路线、统一全党全军思想,于是进行了整风运动,我党树立了理论联系实际、密切联系群众、批评与自我批评三大优良作风,思想政治工作理论和实践都有了一个很大的发展。目前我国正处于改革开放深入发展和实现中华民族伟大复兴的关键时期,加强和改进思想政治工作以保证中国特色社会主义事业顺利进行。

我们以目标为导向,紧紧围绕目标的时代要求,根据目标来改进教育内容、教育形式、教育方法,就可以实现现阶段思想政治工作对时代形势的高度应变性,抓住机遇,创造良好的精神条件和思想文化氛围,真正承担起保证中国特色社会主义建设事业顺利进行的重任。

(五)有效性意义

思想政治工作的实现程度检验着思想政治工作的有效性。通过检查思想政治工作的结果是否与预期的目标方向相一致,我们可以判断工作是有效或无效的。如果工作结果偏离了预期目标的方向,甚至与目标背道而驰,那么工作对象的思想包袱就会更加沉重。我们要引导工作对象的积极性和创造性,可经过思想政治工作以后工作对象反而更加消沉,甚至对工作失去信心了,或者引起了工作对象的反感,产生了副作用、反作用,那样的工作就是无效的。因此,我们要改进思想政治工作方法,提高工作的有效性,首先就要彻底摒弃这种无效、有害的工作方式。

第二节   新时代大学生思政育人的意义

高校思想政治教育是我国高等教育人才培养工作的重要组成部分,关系着我国人才的综合素质及思想政治基础。加强高校思想政治教育,促进大学生全面和谐发展,对培养德智体美劳全面发展的社会主义合格建设者和可靠接班人,以及大学生健康成长具有重要意义。

一、高校思想政治教育是我党思想政治教育的重要组成部分

(一)党和国家领导人对思想政治教育工作非常重视

中国共产党是在马克思列宁主义的指导下成立的。人类先进的、科学的社会主义意识是不可能自发产生的,必须通过系统的学习教育才能形成。无产阶级政党应该有计划地向人们传授社会主义知识,以革命的、科学的意识形态占领思想阵地,武装人们的头脑,使之树立正确的世界观。我们必须坚持以马克思列宁主义为指导思想,加强思想政治教育工作,使马克思列宁主义深入人心、代代相传。

进行思想政治教育,对于中国这样一个社会主义大国十分必要,正因为中国共产党重视这一工作,中国革命和社会主义建设的各项工作才得以顺利进行。在曲折的革命过程中,中国共产党不断将马克思主义基本原理与中国革命的具体实践相结合,用科学的马列主义、毛泽东思想教育党员、启蒙民众,确保了革命队伍的先进性,最终赢得了中国革命的胜利。毛泽东指出,"掌握思想教育是我们第一等的业务"。中华人民共和国成立后,尤其是社会主义改造完成后,中国共产党更加重视思想政治教育工作,大力进行了马克思主义理论教育和社会主义教育。

党和国家的领导人都十分重视思想政治教育工作,始终强调用最新的马克思主义理论成果教育全国人民。邓小平对思想政治教育在社会主义建设中的作用的认识非常深刻:"过去我们党无论怎样弱小,无论遇到什么困难,一直有强大的战斗力,因为我们有马克思主义和共产主义的信念。有了共同的理想,也就有了铁的纪律。无论过去、现在和将来,这都是我们的真正优势。"改革实践表明,要在保持社会政治稳定的前提下深化改革,加快发展,就一刻也不能离开思想政治教育工作,而且必须将党的思想政治工作同经济工作和其他业务工作紧密结合起来,积极主动地为中心和大局服务。只有抓住思想政治工作这条生命线,各项工作才能显出勃勃生机。习近平总书记指出,"意识形态工作是党的一项极端重要的工作",并反复强调要进一步明确意识形态工作在党和国家全局工作中的重要地位和作用。

(二)党和国家领导人对高校思想政治教育非常重视

党和国家领导人都非常重视高校思想政治教育,毛泽东把人的全面发展概括为德育、智育、体育三个方面,强调这三个方面互相促进、缺一不可,同时他十分明确地要求把德育摆在学校一切工作的首位。毛泽东强调:"我们的教育方针,应该使受教育者在德育、智育、体育几方面都得到发展,成为有社会主义觉悟的有文化的劳动者。"

党的十一届三中全会确立了改革开放的方针政策和解放思想、实事求是的思想路线。以邓小平同志为核心的党的第二代中央领导集体对"什么是社会主义,怎样建设社会主义"进行了卓有成效的探索和思考,使大学生对社会主义有了更深层次的体会,进而充分认识到马克思主义的科学性,自觉地坚持马克思主义思想的指导,坚定社会主义现代化信心。邓小平提出了人的全面发展的"四有要求",即有理想、有道德、有文化、有纪律。他强调指出,无论是学校教育还是社会教育都要以"四有"为标准。

在新时期,习近平总书记紧扣时代精神,强化思想引领,提出了"两个巩固",即宣传思想工作就是要巩固马克思主义在意识形态领域的指导地位,巩固全党全国人民团结奋斗的共同思想基础,并强调要着力增强高校思想政治教育的针对性和实效性,把社会主义核心价值观融入高等教育全过程,培养德智体美劳全面发展的社会主义建设者和接班人。这是我国高校思想政治教育发展进程中的又一里程碑。教育的根本任务是立德树人,青年大学生正处于价值观形成和确立的关键时期,抓好这一时期的价值观养成和培育十分重要。我们要通过入脑入心的思想政治教育,将中国梦作为青年大学生的共同时代理想,将社会主义核心价值观作为青年大学生的价值取向标准,引导他们从中华民族传统文化瑰宝中汲取丰富营养。

大学生是我国教育制度培养的高层次人才,将责无旁贷地承担起建设中国特色社会主义和实现中华民族伟大复兴的历史重任。要使大学生成长为中国特色社会主义事业的合格建设者和可靠接班人,不仅要大力提高他们的科学文化素质,更要大力提高他们的思想政治素质。只有真正把思想政治教育工作做好了,才能确保党和人民事业代代相传、长治久安。

二、高校思想政治教育是社会主义现代化建设的必然要求

社会主义现代化的进程在很大程度上取决于国民素质的提高和人才资源的开发。加强和改进高校思想政治教育工作是实现社会主义现代化建设的必然要求。

(一)人才是建设中国特色社会主义事业的保障

当今时代,知识经济方兴未艾,科技竞争日趋激烈,人才在社会发展中的作用越来越重要。人才已成为国家经济社会发展的第一资源。在知识经济时代,知识将成为占主导地位的重要资源和生产要素,知识对经济的发展比以往任何时候都具有更大的推动作用。掌握知识的人才必然成为一种重要资源。人才作为先进生产力和先进文化的重要创造者,是生产力中最活跃的因素。只有重视人才资源这个经济社会发展的第一资源,才能更好地推动经济社会发展。当今世界,国家之间的竞争从根本上说是人才的竞争。立足我国基本国情,要实现跨越式发展,必须走人才强国之路。只有这样,才能缓解自然资源过度消耗的压力,发挥我国人力资源丰富的优势,为中国特色社会主义事业提供强有力的人才保证。青年人才是人才资源中的重要组成部分,代表未来人才发展的方向。我们要大力培育和开发青年人才,将他们不断充实到我国人才队伍中,为建设中国特色社会主义事业提供人才保障。

改革开放以来,我们党在高度关注经济建设的同时,更加高度关注人的发展,关注人的思想道德素质和科学文化素质、心理素质的全面提升。我国正处在改革发展的关键阶段,实现中华民族伟大复兴,需要大批高素质人才。《国家中长期人才发展规划纲要(2010—2020年)》提出:"全面建设小康社会,实现中华民族伟大复兴,必须大力提高国民素质,在继续发挥我国人力资源优势的同时,加快形成我国人才竞争比较优势,逐步实现由人力资源大国向人才强国的转变。"《中华人民共和国国民经济和社会发展第十四个五年规划和2035年远景目标纲要》提出:"激发人才创新活力。贯彻尊重劳动、尊重知识、尊重人才、尊重创造方针,深化人才发展体制机制改革,全方位培养、引进、用好人才,造就更多国际一流的科技领军人才和创新团队,培养具有国际竞争力的青年科技人才后备军。"人才是实现社会发展的重要动力,是提升我国核心竞争力和综合国力的关键力量。人才问题是关系党和国家事业发展的关键问题,高素质人才在党和国家工作全局中具有重要的地位。

(二)高校是培育高素质人才的重要基地

高等学校是培养高等人才和高素质劳动者的地方,是科技创新的源泉。青年人才队伍的发展壮大为中国特色社会主义事业提供了源源不断的人才动力。大学生是我国青年人才队伍的重要组成部分,是高素质人才的重要力量。中国特色社会主义建设的合格人才是有

理想、有道德、有文化、有纪律,面向世界、面向未来、面向现代化的人才,因而除了给学生以知识教育外,还必须对学生进行思想政治教育。在大学生的成长过程中,思想政治教育对其健康成长成才起着主导作用。思想政治教育是启迪人的思想、塑造人的灵魂的工作,是保证人才具有良好思想道德素质的有效途径。让大学生认识并深刻理解自己肩负的实现中华民族伟大复兴的历史使命,对于确保全面建成小康社会、开启全面建设社会主义现代化国家新征程和实现中华民族的伟大复兴,具有重大而深远的战略意义。

思想政治教育能促使大学生精神需求的满足和精神生活质量的不断提升、思想道德素质和科学文化素质的不断提高,实现大学生的全面发展。高校思想政治教育工作就是用建设中国特色社会主义理论武装大学生头脑,用爱国主义、集体主义、社会主义的精神培养大学生,使之具有民族自豪感和时代使命感。只有切实加强和改进高校思想政治教育工作,才能培养造就出千千万万具有高尚思想品质和良好道德修养、掌握现代化建设需要的丰富知识和扎实本领的优秀人才,才能使大学生认识到自己所肩负的历史使命,并把它内化为自己的信念,成为为祖国的现代化事业奋斗的不断动力。

三、高校思想政治教育是大学生健康成长成才的内在需求

(一)高校思想政治教育是大学生健康成长的内在需要

改革开放以来,我国社会主义现代化建设事业取得了举世瞩目的巨大成就,但也面临着不少发展问题,并不同程度地影响着大学生的思想。社会主义市场经济是同社会主义基本制度结合在一起的,是同社会主义精神文明结合在一起的。它要体现社会主义基本制度的要求,充分发挥社会主义的优越性。实践证明,发展社会主义市场经济有利于解放和发展社会主义社会的生产力,增强社会主义国家的综合国力,提高人民的生活水平,也有利于增强人们的自立意识、竞争意识、效率意识、民主法治意识和开拓创新意识,调动人们的积极性和创造性,推动社会的道德进步。但我们也要看到市场自身的弱点和消极方面,如趋利性、自发性等,这些因素也会反映到道德生活中来,反映到人与人的关系中,容易诱发拜金主义、享乐主义、极端个人主义等消极现象。这些因素都会干扰社会主义的道德建设,阻碍社会主义市场经济的健康发展。

国家大力发展高等教育,全国普通高校大学生招收数量成倍增长,但这种量的快速增长也带来了一些问题。当前,大学生的就业问题比较突出,学生把专业课学习及将来的就业看作重要的目标,弱化了对思想政治教育的重视。学生数量的快速增长和专业设置以及教学改革不能很好地随着时代的要求而变化,直接影响着在校学生的思想情绪。同时,高校学生数量的增多加重了高校思想政治教育的工作任务,负责思想政治教育工作的人员相对较少,以致难以将工作做细。

(二)高校思想政治教育是大学生成才的内在需要

大学生处在获取知识、发展智力的最佳时期,也是他们思想觉悟、道德情感发展最积极的时期。大学生在成长成才的关键时期,必须有健康的思想、良好的精神、高尚的情操和在

此基础上形成的克服种种困难的毅力等,这一切都有赖于高校思想政治教育。思想政治教育不仅能帮助大学生形成正确的世界观、人生观和价值观,还可以使大学生学会正确处理德与才的关系,自觉坚持加强思想道德素质修养与学习科学文化知识的统一,把思想道德素质修养与学习科学文化知识结合起来,进而促进综合素质的全面提高。

思想政治教育能促进大学生早日确立成才目标。个人发展应该与社会进步相一致,正确的成才目标应该符合所处时代的条件,尊重社会发展规律,顺应时代潮流。思想政治教育工作者应当帮助大学生正确认识自身肩负的责任和使命,促进大学生立志成才。大学生有了方向,就有了对自己的明确要求,就能集中时间和精力学习、提高和发展自己。选择正确的成才目标对大学生成才具有举足轻重的作用,因此大学生成才目标的选择一定要坚持服务社会、奉献祖国和人民的正确方向。识别人才要坚持德才兼备原则,品德、知识、能力和业绩是衡量人才的主要标准,所以,正确的成才目标应该定位在符合德才兼备的要求之上。思想政治教育能帮助大学生用科学理论武装头脑,引导大学生树立正确的世界观、人生观、价值观、道德观及成才观,培养大学生的爱国情怀和优良道德品质。思想政治教育能帮助大学生确立正确的目标,把个人的选择建立在社会需求的基础上,把个人的才智、兴趣充分地发挥在崇高远大的目标上,从而实现自己的价值,并为国家和民族创造出更多价值。大学生思想道德素质、科学文化素养和身心素质如何,直接关系着我国人才强国战略能否落实,关系着党和国家现代化建设事业的成败。

当今时代给大学生提供了一个广阔的成才空间,在成才的道路上,大学生应该有目标始终如一、不畏艰苦、勇于拼搏的实践行动。崇高的目标可鼓舞和引导大学生不断追求新知识,最大限度地开发内在潜力。思想政治教育能帮助大学生学习掌握马克思主义的科学理论,使他们懂得把自身的学习同国家、民族的前途和命运紧密相连,始终以国家富强、民族复兴、人民幸福为己任,在成才之路上不懈奋斗。

第三节 新时代大学生思政育人的特征与规律

一、高校思想政治教育的基本特征

高校思想政治教育的目的就是使大学生树立正确的世界观、人生观和价值观,成为有理想、有道德、有文化、有纪律的一代新人。高校思想政治教育具有时代性、民族性和综合性的特征。

(一)高校思想政治教育的时代性

高校思想政治教育紧跟社会发展要求,因此具有鲜明的时代性特点。这一特点主要体现在高校思想政治教育的内容上。高校思想政治教育的内容包括当前党的路线、方针、政策等这些现实的教育内容,以及这些内容的理论来源和现实依据,从而构成一个具有内在联系的系统。我国高校的思想政治理论教育内容必然包括学习马克思列宁主义、毛泽东思想、邓小平理论、"三个代表"重要思想、科学发展观以及习近平新时代中国特色社会主义思想等内容。这些内容紧密联系当今理论发展方向,对大学生的理想信念教育、爱国主义教育、人生观教育、道德理论教育等具有现实意义。思想政治教育只有融入新时代的理论内容,才具有生命力,才更容易被大学生掌握。时代性特征体现在思想政治教育内容中,就是要使理论联系实际。这就要求思想政治教育工作者具有高度驾驭理论与解决实际问题的能力,解释好实践中的热点与难点问题,使思想政治教育更具有说服力。

(二)高校思想政治教育的民族性

民族是一种自然的历史存在,是人类社会性存在的一种形式。中华民族在几千年的历史发展中形成了稳定的民族情感和丰富的民族文化,这些都应该是思想政治教育的重要内容。中华民族精神源远流长、博大精深,是中华民族生命力、凝聚力、创造力的不竭源泉,是高校思想政治教育的重要组成部分。

(三)高校思想政治教育的综合性

高校思想政治教育内容具有综合性。高校应综合运用马克思主义理论,对大学生进行思想政治教育。马克思主义是对社会发展和人的发展进行综合性研究的理论成果,其研究领域覆盖政治、经济、文化、社会和人的思维等多个层面。高校思想政治教育工作是对学生思想意识进行教育的工作,要运用哲学、政治学、教育学、社会学、历史学和伦理学等多学科的教育内容,开展丰富多彩的教育活动。同时,要综合协调各方面的力量,利用各种教育途径和方法实施思想政治教育。

二、高校思想政治教育规律

列宁指出:"规律就是关系……本质的关系或本质之间的关系。"思想政治教育过程有其自身固有的规律。其规律就是思想政治教育过程中诸要素之间的本质联系及其矛盾运动的必然趋势。规律是事物发展中本身所固有的、必然的、本质的、稳定的联系,决定着事物发展的必然趋向。规律具有客观性,人们不能随意创造和改变规律,只能发现、把握和利用规律。思想政治教育过程的规律同样是不以人的意志为转移的,不管人们是否意识到它,它都在起作用。

高校思想政治教育规律就是指高校在进行思想政治教育的过程中各要素之间固有的、本质的、稳定的、必然的联系。高校思想政治教育规律所揭示的就是各要素之间矛盾运行及其发展的必然轨迹。它可具体表述为教育者的教育活动一定要适合受教育者的思想品德状况的规律,简称"适应超越规律"。它包括两个方面的内容:一方面,高校思想政治教育的层次性由教育主体的个性心理发展特点和思想道德状况来决定,不同的教育主体应该采取"因人而异"的教育方式;另一方面,高校思想政治教育工作者与教育主体之间存在互动关系。

高校思想政治教育规律,至少应该包含以下几点:

(1)思想政治教育的对象具有唯一性的特点。高校思想政治教育规律只存在于对大学生这一特殊群体进行思想政治教育的过程中,这主要说的就是高校思想政治教育对象的唯一性,是针对思想政治教育对象的广泛性而言的。高校思想政治教育的特点决定了高校思想政治教育必须是"多对一"的关系,即教育内容、教育方法、教育者服务的对象只能是大学生群体。超出这一群体,或者超出这一群体的思想道德发展水平的教育都违背了教育的唯一性。

(2)高校思想政治教育的过程是内化与外化相统一的过程。关于内化与外化的含义,理论界已做出了精辟的阐释。外化就是把内化要求的"我要这么做"化为"我已经或者正在这么做"。内外化目标的实现不可能一蹴而就,要分阶段进行。内化分为盲从、认同和信奉三个阶段,外化分为明确问题、选择合适的行为方式和实践并养成习惯三个阶段。

高校思想政治教育过程是一个整体,一个完整的思想政治教育过程包括内化与外化两个环节。在思想政治教育过程中,内化和外化是辩证统一的。内化是前提,外化是目的,内化是外化的基础,外化是内化的归宿。没有外化,内化就会失去意义;没有内化,外化显得"捉襟见肘"。外化存在于内化中,教育客体思想政治素养的形成来源于自身外化来的社会实践;内化中也有外化,教育客体进行实践的依据就是来源于内化的思想政治素养。

(3)应当注重部分与整体的关系,整合各种因素形成合力,发挥系统作用的规律。大学生思想政治教育是一个整体,这个整体是由教育主体、教育客体、教育环体、教育介体四部分构成的。它们之间相互协作,和谐相处,有利于思想政治教育过程的整体发挥。在思想政治教育的过程中应该积极发挥各方面的合力,调节各方面活动的积极性。教育部 2020 年公布的《新时代高等学校思想政治理论课教师队伍建设规定》指出:"高等学校应当落实全员育人、全程育人、全方位育人要求,构建完善立德树人工作体系,调动广大教职工参与思想政治理论教育的积极性、主动性,动员各方面力量支持、配合思政课教师开展教学科研、组织学生社会实践等工作,提升思政课教学效果。"这就要求我们发挥各方面因素,积极进行思想政治教育的整体性构建。

在实际的思想政治教育活动中,教育主体在教育介体中,借助教育环体对教育客体施加影响。其中,教育主体与教育客体通过间接的方式进行互动联系。教育环体与教育介体的优劣都会或多或少地影响教育效果的发挥。因此在进行思想政治教育的过程中,一定要善于利用教育介体和教育环体。要想发挥高校思想政治教育过程中教育主体、教育客体、教育环体、教育介体的作用,应该做到以下两点:一是要注重发挥教育主体和教育客体的主体性。在思想政治教育实践活动中,无论是教育主体还是教育客体,都是具有一定社会意识和行为活动能力的人,都具有主体性。在思想政治教育过程中,高校应该积极促成教育者与受教育者的双向互动。二是要积极发挥教育环体和教育介体的积极性,做到"趋利避害"。

(4)兼具理论性和实践性是高校思想政治教育的重要特点。思想政治教育理论要突出实践性,这不仅是时代的需要,更是大学生健康成长的需要。大学生思想政治教育要充分实现教育理论的研究价值,而理论价值得以实现的最有效的方式就是要将其运用于实践中。"实践是检验真理的唯一标准",我们可以尝试将思想政治教育理论与高校实践相结合,在检验理论的同时发展和丰富理论。同时,大学生思想政治教育也要紧紧依靠理论,借助理论的"先知"推动思想政治教育实践的深入研究。这不仅是思想政治教育理论的创新,也会引发思想政治教育实践的发展和创新。

(5)高校思想政治教育是一项理论性很强的社会实践活动。我们要牢牢坚持这一实践活动和理论活动不动摇。高校在开展思想政治教育时,应该将理论与实践相结合,不断丰富和发展理论,创新理论内容和形式。在实践过程中要紧紧把握理论的科学性、现代性、专业性的特点。理论创新和方法创新相统一的规律,是思想政治教育的一条重要规律。

高校思想政治教育规律与思想政治教育工作规律虽然都属于思想政治教育规律体系范畴,但二者还是存在一些区别的,具体表现在:①二者的研究对象不同。思想政治教育工作规律的研究对象涉及范围较广泛,包括社会生活中的诸多群体、诸多阶层;高校思想政治教育规律的研究对象具有针对性,只针对大学生群体。②二者的出发角度不同。思想政治教育工作规律是从教育主体的角度出发,站在教育主体的角度通过整合各种思想政治教育资源,有针对性地开展思想政治教育活动;高校思想政治教育过程并非从教育主体一个角度出发,而是从多角度出发进行规律总结的。

第二章　新时代大学生思政育人的理论依据

第一节　马克思主义是大学生思政育人的理论基础

马克思主义是我国社会主义建设的指导思想,对培养社会主义接班人也具有指导意义。在高校思想政治教育工作中,广大思想政治教师应坚持马克思主义关于人的本质理论,树立人的全面发展观念,促进大学生的全面发展。

一、马克思主义关于人的本质的探讨

马克思关于人的本质理论,最主要的还是以人为本。以人为本对人类社会活动的各个领域普遍有效,但具体表现形式各不相同,因而它必须同各个领域的实际情况结合起来。以人为本在高校思想政治教育领域的本质要求是突出人的发展。人是教育的出发点,也是教育的归宿;人是教育的中心,也是教育的目的;人是教育的基础,也是教育的根本。马克思关于人的本体论研究的一个重要内容,就是对人的本质的探讨。

(一)马克思探讨人的本质的方法

人们对马克思关于人的本质问题的研究,大多集中在他对人的本质内容的规定上,而对他关于人的本质问题的研究方法及理论意义缺乏探讨,从而难以把握问题的真谛。马克思对人的本质的探究采取了多种方法,主要有以下三种。

1.人成为文明人的根据

所谓文明人,并不只是有血有肉的自然人,而是有灵魂的、适应社会发展的人。马克思之前的哲学家认为,人的本质在于人具有思想、意识和理性。思想、意识和理性确实能够把人与动物区分开来,但绝不是人的本质属性。

在马克思看来,人与动物相区别的标志正是人自身。生产劳动是人区别于动物的本质特征,生产劳动能够推动人的各种属性的发展。在关于人的本质研究上,马克思做出了巨大贡献,这位伟大的思想家有着辩证唯物主义的头脑,他将人的本质建立在辩证唯物主义基础之上。

马克思认为,人的类本质与人的本质是不同的两个课题。在人的类本质问题上,物质生产劳动是人成为人的根据,能够把人和动物区分开来。人必然存在于现实生活中,每个现实

的人为了自己和后代的生存,都从事着一定的劳动,因而,在现实生活中的人是与他人不同的独一无二的个体;在人的本质问题上,人的社会属性就凸显出来了,人的特定的社会关系就构成了他的本质属性。

2. 人存在于社会中的根据

人的存在是多方面的,马克思把它归结为四个基本方面:自然存在、人类存在、社会存在、个性存在。这实际上也是从人的生活中揭示人的本质。此方法的特点是首先确定人的基本存在,然后从中揭示出人的本质。

个人的自然存在即有生命体征的个人存在,包括人自身的自然存在和人身外的自然存在。在马克思看来,个人的自然存在要成为人的自然存在,取决于人的物质生产劳动和社会关系。马克思从人的自然存在中揭示出了人的本质——物质生产劳动和社会关系。

人的类存在是人的又一基本存在。关于人的类本质问题,马克思用生产实践的观点,说明了与人相关的问题。

生活在现实生活中的每个人都有不同于他人的个性,每个人的生活过程是完全不同于人类生活和社会生活的。人类生活和社会生活是不能取代个体生活的。马克思认为,个人是社会关系的承担者,但社会关系并不是个人的全部,个人绝不只是社会关系的承担者,所以说社会存在不能代表个人的全部。

人是社会的存在物,其本质是一切社会关系的总和。马克思认为,人正是以自己的需要和活动为基础,在社会生产实践中成为社会的存在物。

在马克思看来,个体的社会联系是人们之间的相互依赖性和所进行的社会生产实践而形成的,人以自己的需要和活动为中介而成为社会存在物。因此,每个人都拥有不同于他人的社会生产方式和社会关系。

3. 分析物质实践活动之于人的生活意义

人是具有多种属性的存在物。马克思以前的思想家往往片面夸大其中某一属性,而忽视其他属性。18世纪法国唯物主义者把人的本质归结为某种人的自然属性,德国古典哲学家则把人的理性看作人的本质。在马克思看来,他们这样做的原因在于他们没有看到人的所有属性得以统一的基础——物质实践活动。

马克思从物质实践活动中发现了人的本质,通过对这一活动的分析,揭示了人的本质的丰富性、历史具体性和完整性。这一方法贯穿于马克思所有著述的始终,归结起来,可分为三个基本逻辑层次。

一是从分析人的实践活动本身的性质入手揭示人类本质。就人的本质而言,实际上表达了三层含义:其一,人类的本质在于人的生命活动的性质;其二,这一性质在于自由、自觉;其三,人的全部本质都内含于人的活动之中。

二是从人的物质生产劳动的社会性质——物质生产方式或物质生活方式出发揭示人的社会本质。马克思指出,物质生产方式决定了个人的生活方式,而生活方式是依据于活动方式的。

三是从人的物质生产劳动的个人性质入手揭示人的个人本质。马克思指出,人的物质生产活动既属于社会,又属于个人,人的物质生产需求是源于人的需要的。

综上,马克思在人的物质生产劳动的基础上,揭示了人的本质:人是个人需要、社会实践活动和社会关系的统一体。

(二)马克思关于人的本质理论的内容

要弄清马克思关于人的本质的内容,首先应对他的人的本质的概念加以了解。人们对马克思关于人的本质内容的理解存在较大分歧,究其原因,是人们对人的本质与人的本性、人性、人的属性没有一个清晰的理解。

1. 人的本质与人的本性、人性、人的属性

人的本质有两层含义:第一,人的本质是人与动物相区别的最根本属性;第二,人的本质决定了人的现实存在,产生了人的各种类特性。

人的自我产生是一个从潜在的人到现实的人的过程。劳动是人们谋生的手段,劳动创造了人的意识、语言、社会性,劳动产生了人。人正是通过生产劳动证实了自己的意识和自由自觉性。人要想在社会中生存下去,必须进行物质资料生产活动,在进行物质资料生产的过程中,人的物质生活诞生了。

在马克思看来,人性有理想和现实之分,人的本质就其本来意义讲,不能说它有理想的本质,只能说它自身包含着理想因素和现实因素。在马克思看来,理想的人性是对动物性和非人性的否定,是对人的个性或主体性的肯定,是人类的特性在人的道德精神中表现出来的、有利于个人的一系列优秀品质和完美特性。这种人性不是从现实出发的,它所规定的不是人性的现实状况,而是对美好人性的向往,因而它带有规范性。

人的本性既与人的本质不同,又与人性不同。在马克思的德文原著中,人的本性和人的本质、人性是在不同的含义上使用的。人的本性是和"天性"一词的含义等同的,而人的本质则是另外意义上的一个名词,它指的是人的"根本特性"。此外,当马克思谈到人的本性时,往往与人的自然欲望和生理需要以及天性联系在一起,而谈到人性时,又常和人的美好品质相联系。可见,在马克思看来,人的本性与人的本质、人性是有区别的。

人的本性与人性、人的本质还有互相联系的一面,即人的本性是人性的逻辑前提和根源,离开人的本性就无所谓人性。承认人的本性并不等于承认人性,因为人性还是人的本性在人的生产劳动或社会实践中的表现,是历史的变化了的人的本性。人的一般本性只是一种形式上和本体上的抽象规定性,而人的历史的变化了的本性即人性。

在马克思看来,人的一般本性主要包括自然本性、精神本性、劳动本性和社会本性。但从形式和逻辑次序来讲,最基础的本性是受人的肉体组织制约的自然本性,而人的主要自然本性是人的需要。这是因为:第一,人之所以要结成社会,是由于个人在其自然性上是有限的,单靠个人无法从自然界获得满足自己生存的生活资料,更谈不上发展,为了生存和发展,人就需要和他人合作交往,即结成社会。第二,在自然主义那里,人是自然的一部分,自然就是人的"王国"。人的身体、各种需要和感觉,把他与自然紧紧联结在一起。第三,马克思批判地继承了自然主义的上述思想,鲜明地把人的需要作为人的本性,比前人进了一步。第四,人的需要之所以是人的本性,还在于人的需要是人本身固有的、不可缺少的、必然的,规

定并制约着人的行为。

人的需要只不过构成"生产的观念上的内在动机",构成"生产的前提"。生产和需要"总是表现为一个过程的两个要素,在这个过程中,生产是实际的起点,因而也是起支配作用的要素",而需要"本身就是生产活动的一个内在要素",倘若撇开生产劳动来谈人的需要,我们就不能解释需要的内容及其满足方式。由于谈论生产劳动和人的需要的关系时,我们的出发点和立脚点是现实的,在这个意义上,那种把人的需要看作比人的生产劳动更根本的观点是错误的。人的需要再重要,它也不能把人和动物从根本上区别开来,而能做到这些的,只能是人的生产劳动。人的本质、人性和人的本性,虽然在程度和意义上不同,但都是通过人的各种属性(其基本属性是人的自然属性和社会属性)表现出来的。人在与其他个体发生关系时,他表现出来的应是人的社会属性;人在作为自然的一部分时,他表现出来的是人的自然属性。

我们对马克思的以上观点做一个总结:人的本质是人的根本,是人成为人的根据;人性由人的本质所决定,通过人的精神表现出来;人的本性是植根于人的肉体组织中的,是人固有的、必然的、不可缺少的性质,天然决定着人的行为。其中,人的本质是最根本的,离开人的本质来谈人性和人的属性,必将陷入抽象。

2.人的本质结构

马克思主义认为,人的本质是和人的生产活动紧密联系的。由于人的生产活动包含多个方面,因此,人的本质也包含了多个方面。简言之,人的本质是多层次的。

首先,人的本质的主体性规定。说人的本质是生产劳动,仔细追究起来是不严密的。实际上,在马克思看来,人的生产是能够将人与动物区别开来的一个标准,而标准的核心在于生产的不同性质。动物的生产活动的直接服务对象是动物自己,而人的生产活动的直接服务对象则是他人。

马克思主义认为,人生产的产品是服务于社会的,人通过社会的认可来实现人自身的价值。因为社会需要的产品种类很多,通过人自身的全面发展,掌握不同产品的生产技术就可以实现产品生产的自由自觉。人类的自由自觉还与其创造性紧密相关。人类在其发展过程中产生了高度发达的大脑,推动其不断地超越自己。

其次,人的本质的客观现实性规定。从上面的论述可以看出,人的生产劳动是与人的社会关系紧密联系的,而人的本质同样是与人的社会关系紧密联系的。因此,马克思主义认为,人的本质是人的社会关系的总和,人的社会关系又是人的生产劳动的客观现实化的具体表现。

最后,人的本质的内在规定。从人的自然性来看,人的生产劳动源自人的需要。马克思把人的需要分作两类:一类是人作为动物的需要,另一类是人作为人的需要。人作为动物的需要又称为人的自然需要,是由人的肉体组织决定的,以维持其肌体新陈代谢之需要。人作为人的需要又称为人的社会需要,是维持其社会地位的需要。

人的两种需要对人来说具有不同的意义。人的自然需要是维持人存在的原动力。马克思、恩格斯指出,人为了生活,首先就需要吃喝住穿等。人的"新的需要"除了是人生产劳动的新的动力外,它的另一个意义在于它表现、体现着人的本质——生产劳动。究其原因:其一,生产劳动是满足人的现实需要的手段,是人谋生的手段。由此可以得出一个结论:人的本质通过人的生产需要体现出来,而人的生产劳动可以由人的需要体现出来。其二,人的需要推动了人使其生产劳动兼具创造性和社会性。人是社会性动物,在确定其需要的时候具有能动性和主体性。人的能动性推动人不断改变自身环境,从而使生产劳动具有创造性。然而人的主体性使得人能够认真分析自身所处环境,调整其生产劳动的方向,使生产劳动具有社会制约性。其三,人会依据自身的社会活动情况产生新的需要。马斯洛把人的需要分为五个层级,强调人有获得尊重的需要。人主要是凭借自身的社会活动与他人交往从而获得尊重。人在与他人交往的过程中,总会观察他人的活动,从而促使自己从事相似的活动,继而与他人有共同的话题。人在推动自己产生相似活动的过程中,就会产生新的需要。

总之,人的生产劳动与人的需要的关系是相互的。人的生产劳动能够产生人的需要,人的需要也能推动人从事相似的生产活动,而这一切都发生于人的社会关系之中。因此,人的本质就是处在一定社会关系之中由多元化的需要与生产劳动构成的复杂动物。从这个定义来看,个人是社会关系、生产劳动与需要构成的复杂的结构系统。简单说,个人的本质"既和他们生产什么(满足需要的劳动及其产品)一致,又和他们怎样生产(活动方式及其关系)一致"。这个定义体现着人本学规定和社会学规定的统一。把表现、实现和确证人的自由个性和满足人的需要作为目的,这是以人为本;而把这种目的的实现放在一定的社会关系条件下来考察,就是以社会关系为本。

(三)人的本质的方法论意义

马克思把对人的本质问题的研究看作研究人、自然和社会历史等问题的出发点和前提,是为了达到某种目的而提供的一种方法论。

1. 马克思为揭示社会历史的本质提供了方法论

在马克思看来,人是社会历史的主体或"剧作者",因而整个历史也无非人类本性的不断改变而已。既然如此,要想认识社会历史,就必须对人的本质有所认识。从揭示人的本质入手认识社会历史,是马克思关于人学的研究中采用的一种方法。在《博士论文》①中,马克思把自我意识看作人的本质,因而他从此出发说明社会历史,认为社会历史是自我意识的表现和实现。

在《黑格尔法哲学批判》中,马克思把理性和自由看作人的社会本质,从此出发,把国家看作理性和自由的产物与表现,进而又把家庭、市民社会和国家看作人的本质的实现和客观化,并从此出发批判了封建王权和等级制,认为后二者是人的活动脱离人的本质之结果。在《莱茵报》工作期间,他认为人的类本质是"理性和自由",与此相应,把理性和精神作为社会的本质。在《关于费尔巴哈的提纲》及以后的著作中,马克思把有生命(有个性)的个人、物质生产实践活动和社会关系看作人的本质的规定,看作社会历史的基本前提、出发点和本质内

---

① 马克思在 1840—1841 年所写的博士论文《德谟克利特的自然哲学和伊壁鸠鲁的自然哲学的差别》,简称《博士论文》。

容(因素),并以此来说明社会历史发展,认为社会历史是"个人本身力量发展的历史",是物质生产劳动的发展史,是生产力和社会交往形式(社会生产关系)矛盾运动的历史。

2. 马克思为说明人的问题提供了方法论

人的本质是人得以存在和发展的一个根据,马克思从有个性的个人、生产实践活动和社会关系三者的统一出发,分析说明了人的全面而自由的发展、人的平等、人的权利和人的解放之内容和条件,以批判以往的关于人的学说。马克思把人置于社会关系中来说明人的解放,从人的社会生产实践活动来说明人的解放,并指出人的解放的目的是消灭异化劳动,从人的个性来理解人的解放,指出人的解放是自己支配自己。

马克思把人的全面发展的基本内容和条件归结为三个基本方面:一是人的社会关系充分达到全面、和谐一致的发展,消灭私有制;二是人的生产实践活动达到充分的丰富性、变动性和完整性,消灭旧式分工和发展社会生产力;三是个人本质力量、能力、潜能和个性的充分发挥,唤醒个人自我意识。

马克思从有个性的个人、实践活动和社会关系三者的统一出发,分析和说明了人的自由的内容及实现条件。人的自由可从如下三个方面来分析:一是人作为人类一员所享有的自由,二是人作为社会和社会关系中的一员的自由,三是人作为有个性的个人之自由。

他还从有个性的个人、实践活动和社会关系三者的统一出发批判了以往的人的学说。在马克思看来,以往的人的学说抽象地谈论人和个人,其根本原因在于忽视了人的实践活动和社会关系。国民经济学只关心劳动的经济学意义,却忽视了劳动的属人性质。

3. 马克思为分析社会经济现象提供了一把钥匙

作为社会经济现象的社会经济关系是人与人之间的经济关系,既然如此,对人的本质内容之揭示,无疑对分析社会经济现象具有重要的意义。

马克思是从有生命的个人、实践活动和社会关系三者的统一出发,来分析说明社会经济现象、阐明政治经济学原理的。他在《1844年经济学哲学手稿》中,第一次集中分析了"劳动者及其产品的异化"这一基本的社会经济现象(或事实):一方面从社会关系出发分析这一现象,指出这一现象表明人与人之间存在着私有财产关系,存在着资本家对工人的占有关系;另一方面,从人的自由自觉的活动出发说明这一现象,认为这一现象表明人的劳动产生了异化。另外,他还从有个性的个人出发来考察这一现象,认为这一现象表明人的个人价值、尊严和幸福的丧失,表明个人需要和发展受到压抑。在《资本论》中,马克思又指出,他对资本主义社会的经济现象的分析,首先是从人与人之间的社会关系的一种特殊表现形式,即商品交换关系出发的,并且力图在物与物的关系中揭示出人与人的关系。同时指出,他在分析社会经济现象时在某些方面陷入困境,其原因在于没有把人看作有个性的个人。另外,马克思还从实践活动的一种特殊社会形式——雇佣劳动出发来分析社会经济现象,说明资本家对工人的经济剥削和压迫的秘密,对资本和私有财产进行了说明。从这里可以看出,通过对雇佣劳动的分析来说明社会经济现象,在马克思的理论中占有十分重要的地位。

4. 马克思为说明"自然"提供了方法论

"自然"是马克思学说中的一个重要概念,对这一概念的揭示和分析,马克思也是从有生命的个人、实践活动和社会关系三者的统一出发的。在他那里,关于"自然"的概念有三种基本含义:一是从有生命的个人出发来理解自然,指出自然是有生命的个人的无机身体;二是从社会关系出发来考察自然,认为自然是"历史的自然"或"社会中的自然",自然只有在社会和社会关系中才成为人和人联系的纽带,成为人生存的基础;三是从人的实践活动的对象性出发来说明自然,认为自然是"人化的自然"。

5. 马克思为确立科学共产主义学说提供了线索

科学共产主义学说是马克思主义的最终旨趣。在关于共产主义的论述中,马克思始终关注的是人、实践和社会关系。

首先是对有个性的个人的关注。这一点充分体现在《德意志意识形态》《共产党宣言》《资本论》等著作中。其基本思想是"共产主义所造成的存在状况,正是这样一种现实基础,它使一切不依赖于个人而存在的状况不可能发生,因为这种存在状况只不过是个人之间迄今为止交往的产物"。在共产主义社会,个人的能力与个性将得到全面的发展,人的全面发展将与社会的发展取得和谐一致。

其次是对实践的关注。马克思把实践的唯物主义看作他的共产主义学说的一个中心内容。这一内容包含两个方面:一是共产主义实质上是通过实践消灭现存状况的现实运动,是通过革命实践改造旧世界的运动过程;二是通过人的实践改造活动,有力地批判和改变事物的现状,使现存世界革命化。

最后是对社会关系的关注。马克思指出,共产主义是由消灭陈旧狭隘的社会关系产生的,是私有财产关系的积极扬弃,它的理论可概括为一点,这就是消灭私有制这一社会关系。

由此,我们不难看出,马克思对人的本质的揭示,是离不开他对实践、社会历史和社会经济关系的分析和认识的。实际上,马克思对人的本质的认识过程同他把这一认识作为方法加以运用的过程是一致的,即是同一过程的两个不同方面。

二、马克思主义关于人的全面发展的探讨

(一)马克思主义关于人的全面发展理论的主要观点

1. 人的发展与人的本质

马克思对人的发展的论述是建立在对人的本质的研究基础上的。马克思认为人生来就是自由的,这也是人的本质的组成部分。"在野蛮时代的低级阶段,人类的较高的属性便已开始发展起来了。个人的尊严、口才、正直、刚毅和勇敢这时已成为性格的一般特点,但也表现出残忍、诡诈和狂热。"马克思的这段论述正说明了人的一般特点,即人的本质自原始社会就已经诞生。在之后的历史中,人的属性在此基础之上不断增加。

关于人的发展方面,马克思十分重视。马克思认为,人的发展是与人的本质紧密联系

的。人的本质是由人的社会关系、人的需要和生产劳动构成的复杂系统。三者相互作用、共同发展，构成了人的发展。人的发展始于人的基本需要。在满足人的基本需要之后，人由于其主体性和能动性产生新的发展欲求，并从社会关系和生产劳动的基本条件之中获得发展的可能方向，从而获得新能力的发展。

生产劳动是制约人的发展的主要条件。依据马克思的生产力决定生产关系的原理，生产劳动的条件首先决定了人的社会关系。其次，通过社会关系，人限制了自身的需要，从而制约了人的发展。因此，马克思说人的全面发展有赖于制约生产劳动的生产力的全面进步。

2. 人的全面发展

马克思认为人的全面发展是适应社会能力的全面发展，"人以一种全面的方式，就是说，作为一个总体的人，占有自己的全面的本质"。人的全面发展是占有自己的全部本质，而人的本质是人的社会关系的综合。因此，人的全面发展就是要全面处理自己的社会关系，发展出能够处理自己社会关系的全部能力。

人的社会关系的总和是包含多个方面的，如家庭关系、工作关系、同学关系、师生关系等。人要能够全面处理自己的社会关系就不仅要掌握一些科学技能，还要有一定的人文思想和意识。因此，从这个角度看，人的全面发展不仅要能够丰富自己的外在世界，还要能够丰富自己的内在世界。

辩证唯物主义认为，动态发展是一切事物的本质特征，人的社会关系也不例外。人的社会关系在人相互作用的过程中是不断变化的，与人的社会关系紧密联系的人的全面发展也是不断变动的。这一点，恩格斯在《反杜林论》与《社会主义从空想到科学的发展》中早就提到过。

马克思主义认为，人的全面发展还与人的需要紧密相关。人作为一种具有主体性的人，具有多个方面的创造性需求，也就是我们常说的个性需求。在处理人的社会关系的过程中，人还要满足自己的这一需要。放在人的全面发展之上，也就是说，人还要发展出能够适应自己个性化需求的能力。

人的全面发展是与当时社会的生产力紧密联系的。生产力条件制约了人的全面发展的可能性。我们经常可以看到，有些人存在一些空想。我们之所以将这一想法称为空想，并不是因为这一想法不能实现，而是这一想法的实现与当时当地的社会生产力条件不相符。简单来说，就是社会生产力条件限制了这一想法的实现。人的发展始于人的需要，更精确地说是始于人内心的欲求。当社会生产力条件不能满足人的欲求之时，人的欲求就不能实现。因此从整个意义上说，人的全面发展受制于社会生产力。

人的全面发展和人的天赋还是紧密联系的。与人的发展不同，人的全面发展和人的能力有紧密联系。从当前教育学的发展来看，人的能力的诞生除了和其教育条件有关联之外，还与其天赋紧密联系。这一点在霍华德·加德纳的多元智能理论中已得到证实。当人缺乏某一种天赋，或者人的某一种天赋不能得到完全的挖掘，就不能实现人这一方面能力的发展。人的天赋是有差异的，因此人的全面发展也是有差异的。

综上可知,每个人的全面发展是有差异的,是与他所处的社会关系、社会生产力条件、天赋等方面紧密联系的。人的全面发展还包含其需要的全面发展,并在社会关系的相互作用中不断变动。

3. 人的自由全面发展

在谈到人的自由全面发展时,马克思如是说:"代替那存在着阶级和阶级对立的资产阶级旧社会的,将是这样一个联合体,在那里,每个人的自由发展是一切人的自由发展的条件。"从这句话我们可以看出,人的自由全面发展是建立在每个人的全面发展的基础之上的。

首先,每个人的全面发展说明了人类社会生产力的极大发展,这是人的自由全面发展的一个重要条件。按照马克思的设计,人的自由全面发展只能发生在生产力全面发展的共产主义社会。在当前资本主义制度占主流的国际社会氛围中,虽然一部分人的自由发展已经得到实现,但是这些人的自由发展是建立在其他人的不自由发展的基础之上的。按照马克思的理论,这并不能算作自由全面发展。生产力的极大发展应该保证每个人在发展的过程中有足够的空闲时间发展自己的个性,从而促进人的全面发展。

其次,人的自由全面发展是建立在人类的彻底解放的基础上的,是从必然王国飞向自由王国开始的。马克思认为,社会发展的最终目标是实现共产主义,也就是全体社会成员的自由全面发展。这一点和前文关于人的本质是相互联系的。人的本质是人的社会关系的总和。人要实现自己的自由全面发展,首先就要实现自身社会关系的自由全面发展,也就是同自己有紧密联系的人的自由全面发展。因此,人的自由全面发展是同整个社会紧密联系在一起的。按照马克思对共产主义社会的设计,人的自由全面发展是在一个经过设计的集体之中的。这个集体的解放能够实现整个社会和整个人的解放,同时能够消灭阶级、消灭私有制。

(二)马克思主义关于人的全面发展的科学内涵

1. 人的劳动能力的全面发展

马克思在《1844年经济学哲学手稿》中指出:"劳动这种生命活动、这种生产生活本身对人来说不过是满足他的需要,即维持肉体生存的需要的手段。而生产生活是类生活,这是产生命的生活。一个种的全部特性、种的类特性就在于生命活动的性质,而人的类特性恰恰就是自由的有意识的活动。生活本身仅仅成为生活的手段。"由此可以看出,人的类特性就在于自由自觉性。劳动作为人的根本实践活动创造了人,也造就了人的类本质。因此,劳动能力的强弱和劳动水平的高低直接决定并且反映着人的自由自觉性的发展程度高低,劳动能力的全面发展成为人的自由全面发展的根本。

2. 人的需要的全面发展

在马克思看来,正是人的需要的发展和需要的不断满足推动着人类和人类社会的文明进步。人的需要是人的意识活动及其他各方面行为活动的内在动力。人的需要是多样的和多层次的,不仅有物质需要,还有精神需要,精神需要中又有发展需要、自我实现的需要等。

人们总是在旧的需要得以满足的基础上产生新的需要,从而推动各项事业的发展。所以,马克思指出,人的需要的发展证明了人的本质力量和人的本质的充实。人的需要具有层次性,需要形式的日渐多样,以及需要的不断得以满足,推动着人的全面发展,进而推动着人类社会的全面进步。

3. 人的社会关系的全面发展

人的本质属性是社会性。人是处于社会关系中的人,人的发展与其社会关系紧密相连。马克思在《关于费尔巴哈的提纲》中指出:"人的本质不是单个人所固有的抽象物,在其现实性上,它是一切社会关系的总和。"人是社会的人,总是在一定的社会关系中生存和发展。任何一个人的能力的形成、发展和完善,都离不开特定的社会关系。由此,马克思指出:"社会关系实际上决定着一个人能够发展到什么程度。"人的社会关系的发展,是个人形成的社会关系日益普遍化、全面化的过程。每个人都有自己的社会圈,每个人每天都在同他人交往着,只有在同他人交往的过程中,人才能发展。所以说,个人的发展通常取决于与他交往的人。一个人的社会交往程度越高,社会关系越丰富,他的视野就会越开阔,获取的信息、知识、技能、经验就越多,能力发展得就越快,进步就越全面、越迅速。

4. 人的个性的自由发展

马克思将人的发展大致划分为三个阶段:第一个阶段是人对人的依赖,人的个性化特征淹没在畸形的人际依赖关系之中;第二个阶段是人对物的依赖,人在生产力大发展的条件下逐渐摆脱了对人的依赖,人的个性在可以支配的对物的关系上有所发展,却依然不能摆脱对物的依赖关系;第三阶段,人的个性在生产力大发展的前提下出现了极高程度的发展,这一阶段也被称为"自由人的联合体"阶段。从这个划分标准来看,人的个性发展水平说明了人全面发展的程度。因此,在马克思的理论中,人的个性的自由全面发展是人的全面发展的最终目标。

第二节　中国古代传统文化中的思想政治教育智慧

传统德育思想是我国德育教育的重要内容,也是中华民族几千年历史沉淀下来的思想精华。在开展思想政治教育的过程中,我们一定要将传统道德思想融入其中,激励当代大学生弘扬中华民族传统文化。

一、先秦时期的传统德育思想

(一)先秦时期的主要思想流派

殷商时期,奴隶主阶级为了巩固自己的统治,开始以理论的形式研究道德现象。周公创立的以"孝"为核心的宗法政治伦理思想体系,对之后"孝"道文化的发展具有奠基作用。周公所创立的"孝"文化的核心是"父慈、子孝、兄友、弟恭",以此为基础还提出了"修德配命""敬德保民"的德政要求。

春秋战国是我国历史上最为动荡的一个历史时期,正是这种动荡孕育了伟大的社会变革,促成了我国文化、科技和哲学思想的"大繁荣"。"百家争鸣"的文化盛况在后来的历史中再也没有出现过。

1. 儒家思想

儒家思想的创始人是孔子,儒家大部分思想都是以孔子的理论认识为基础发展形成的,孔子的学说奠定了我国封建社会伦理学的基础。孔子的思想以"仁"为核心,经过其弟子与后人的传承与发展,成为封建统治阶级进行统治的理论基础,并逐渐成为我国传统文化的重要组成部分。孟轲和荀况是儒家思想的集大成者、发扬者,他们在研究孔子的基础理论之后,从新的角度对孔子的思想进行了阐述,完善了儒家思想。先秦儒家思想以"仁"为核心,主张德治,缺点是过分夸大道德的作用,但是它在道德规范、道德范畴、善恶评价、道德修养等问题上的论述至今对我们仍然有启发意义。

2. 墨家思想

墨家是先秦时期一个重要的思想流派,它的创立者是墨子。墨家思想主张维护小生产者,特别是小手工业者和平民的利益,墨家思想的核心是"兼爱"与"非攻"。不同于传统的宗亲礼法制度,墨子主张废除亲疏有别的宗法道德,并提出社会交往应主张以利人为根本,这一主张体现了墨家思想贵义尚利的功利主义特点。

3. 道家思想

道家思想以老子、庄子为代表,与儒家、墨家不同的是,他们主张效法自然,强调避世,反对世俗的道德规范和道德原则,采取脱离人类社会生活的非道德主义态度。当然,道家超世脱俗的人生追求对后世也产生了较大的影响。

4. 法家思想

法家思想曾一度成为我国封建社会的统治思想,从特点上来看,法家思想可分为前期和后期。前期法家在提倡以法治国的同时,还坚持德治,这一时期法家思想的代表人物是管子;后期法家的代表人物是韩非子,他的主张比较激进,如"以法代德",其实质就是否定道德在社会生活中的作用。

先秦时期是中国传统道德的奠基时代。这一时期的思想,特别是儒家思想一直是后来道德学家伦理思想的出发点和前提条件,儒家思想最终发展完善成为在封建社会统治阶级中占据主导地位的道德学说。

(二)孔子的德育思想

孔子的德育思想在我国思想发展史上有着重要的地位,"有教无类"的教育思想始终闪耀着灿烂的光辉。在教育理论和教育实践中,孔子将德育作为教育的基础,主张"德教为先,教而后刑",并以此为基础构建了"仁德学说"。

1. 德教为先,教而后刑

孔子继承了夏商周时期的教育理论,把对人的道德素质的培养作为教育的重要内容。

孔子认为,培养有德行的君子是教育的最终目标,道德教育是整个教育过程中都应贯彻的内容。相对于培养一个人正确的政治观念来说,其道德观念的培养更加重要。

在教育实践中,孔子提出了具体的培养目标和道德教育的任务,那就是培养"仁智统一"而"内圣外王"的圣贤人格,即孔子所向往的高尚人格,是"圣人""贤人""志士""仁人""君子"等。其中,"圣人"居于最高层次,"君子"居于较低层次。

孔子对君子的道德标准具体可归纳为以下五个方面:君子必须具备"仁德",君子和而不同,君子"达"而"闻",君子自己要行为端正,君子要"修己""安人""安百姓"。

2. 仁德学说

孔子对夏商周道德教育的内容进行了拓展,提出了仁德学说,认为"仁"是道德教育的最高目的,并确立了一个完整的道德教育体系。"仁"是众德之总,其心理内容是"爱人",并且只有通过自我努力才能形成道德修养提升的内在推动力。

首先,推己及人。孔子在道德教育中提倡忠恕之道,即尽己之心以待人和推己之心以及人,所谓"己欲立而立人,己欲达而达人"。他认为人心是相同的,己所不欲,勿施于人。

其次,慎言而敏行。孔子指出,"敏于事而慎于言","讷于言而敏于行",以及"言中伦,行中虑"。孔子教育人们要少说空话,多干实事,努力将道德行为准则付诸实践。

再次,因材施教。孔子因材施教的主张主要有两层含义:第一是针对不同的教育对象注入不同的教育内容,第二是针对不同的教育对象施行不同的德育。每个人的个性、经历以及对知识的敏感程度都不相同,不同性格及智力水平的人需要不同的教学方法才能获得良好的效果。

最后,启发诱导。孔子反对单纯说教的教育方法,他认为只有激发学生的学习欲望才能让他们真正地学到知识。孔子主张采用启发诱导、循循善诱的方法,强调"不愤不启,不悱不发,举一隅不以三隅反,则不复也"。

启发诱导反映到现代教育实践中也具有很高的应用价值,即在教学过程中要避免"填鸭式"的内容灌输,通过学习内容的趣味性、教学手段的合理应用以及对学生心理特点的把握,引导学生形成道德认知,发展道德情感,激发其内在的学习自省动力,养成道德行为。

二、秦汉时期的传统道德思想

在秦汉时期,我国传统道德思想领域"百家争鸣"的局面已经结束,儒家思想赢得了统治者的青睐,成为地位最高、影响最大的思想学说。

秦王朝建立以后,统治者吸取了法家"专任刑法"的法治思想,以严刑峻法维护统治、巩固政权,结果被农民起义所推翻,统一局面仅仅维持了15年。

取秦而代之的汉王朝意识到严刑峻法不是巩固统治的良药,而将道德、教化作为统治民众、稳定社会的基础,因此儒家思想开始逐渐进入统治者的视野,并成为封建社会的统治思想。西汉初期出于恢复民力、休养生息的目的,统治者推崇"无为而治"的道家思想,在社会状况好转之后汉武帝采纳董仲舒提出的"罢黜百家,独尊儒术"的建议,正式将儒家思想确立为统治思想,特别是以仁义道德为核心的伦理思想成为封建统治的正统。儒家思想独尊地位的确立,适应了时代的需求,也符合统治者的意愿,因为儒家思想为大一统统治提供了足够的道义上的支持。这也是历代统治者大都尊崇儒家思想的根本原因。

董仲舒的儒家思想并不是单纯的儒家思想,而是以先秦时期孔孟的主要思想和理论为基础,吸收道家、法家、阴阳五行学说和神学思想形成的一种带有目的性的思想理论。董仲舒曾说:"王者欲有所为,宜求其端于天。天道之大者在阴阳。阳为德,阴为刑;刑主杀而德主生……以此见天之任德不任刑也。"在这里,董仲舒用"天道"推演"人道",把仁政德治作为王道政治的根本原则。儒家思想将帝王作为上天神圣统治的代言人,"合理合法"地确认了封建君主的统治地位。此外,董仲舒还提出"三纲五常"的思想,这也成为自汉朝以来我国道德教育的中心内容,他的"重义轻利""以仁安人,以义正我"和"必仁且智"的道德教育心理学思想成为个体道德修养的基本原则和方法。

两汉及以后的统治者看到了这一思想稳定社会的重要作用,于是极力推崇经过董仲舒改造的儒家思想,并确定为国家选用行政人员的主要依据。因此,在以后的社会,上至君王百官,下至普通百姓,都愿意自觉学习和实践儒家的道德思想。儒家思想作为封建统治阶级正统道德理论,在人们的社会生活中发挥了其独尊的作用。

三、魏晋隋唐时期的传统道德思想

这一时期社会局势比较混乱,只有更好地控制人们的思想才能保证统治的稳定性。出于这一考虑,统治者开始利用宗教文化来稳定臣民、发动战争。随着当时中国社会的经济发展、民族融合、文化交流和教育变革,适合封建门阀士族统治需要的"玄学"思想开始出现,他们以"三玄",即《老子》《庄子》《周易》为主要研究对象,在伦理道德方面主要是论证"名教"与"自然"的统一。

魏晋玄学的盛行、玄学的传播依赖于当时的佛教,玄学与佛教有着密切的关系。佛教宣扬因果报应、转世轮回,主张"出世",超脱现实,提倡修行成佛。大乘空宗的佛学思想与道家玄学思想类似,许多佛教徒借助玄学传播佛教。同时,门阀士族为了巩固其统治和愚化百姓的需要,大力推崇佛教。因此,这一时期佛教得到迅速的发展,成为一股重要的宗教力量。

这一时期也出现了以范缜为代表的无神论者,他们从形神关系入手对佛学思想的理论基础——神不灭论进行了批判。而且由于佛教与儒家伦理道德格格不入,也引发了佛教与儒家礼教纲常的矛盾,产生了儒家的世俗道德与佛教的宗教道德之间的斗争。为此,佛教也力争调和儒、佛,强调佛教教义、佛教的人生哲学与儒家伦理道德的一致性和互补性。魏晋时期的道德思想呈现出儒、道、释三家既相互斗争又彼此吸收的复杂格局,这种状况也直接影响了隋唐时期的道德思想。

总之,魏晋至隋唐时期的道德思想的突出特点是儒、佛、道三家在相互斗争的过程中相互吸收,趋向合流。

四、宋明时期的传统道德思想

宋明时期,"存天理,灭人欲"的道德理性占据主导地位。

从宋代开始,中国封建社会进入后期发展阶段,社会矛盾较为尖锐和复杂。统治者为了强化自己的统治,缓和各种社会矛盾,极力维护封建道德纲常,但原有的思想已经很难维护矛盾丛生的封建统治,因此理学思想应运而生。

从基本立场上来看,理学使儒家思想获得了完备的理论形态,并以新的形式重新取得了"独尊"地位。理学以继承儒家传统为出发点,又吸收佛、道思想,在道德的本原、人性论、理欲观、理想人格的培养等方面集儒、佛、道于一体,以"理"为最高范畴。理学以"存天理,灭人欲"为基本纲领,形成了更系统更精致的封建伦理思想体系,也使儒家思想的发展达到了最高阶段。

"存天理,灭人欲"是理学各派别的共同思想纲领,其目的是以禁欲主义的思想强化封建礼教,反对农民阶级"均贫富"的要求,维护封建纲常伦理制度。"存天理,灭人欲"是理学思想所推崇的理想人格标准,朱熹认为要通过"居敬穷理"的学者功夫,使用"学、问、思、辨"、知先行后的方法,达到格物致知。朱熹明确指出:"知行常相须,如目无足不行,足无目不见。论先后,知为先;论轻重,行为重。"显然,从道德发展的顺序上,朱熹认为"知先于行",因此,他根据这个特点提出了道德修养的基本顺序,即"博学、审问、慎思、明辨、笃行",进而又提出了"博约相济、积累渐进、日用切己、温故知新"的道德修养原则,形成了儒家道德理学观思辨的理论体系。理学思想中关于"知行""格物致知"的争辩,把传统道德修养理论推向一个新的发展阶段。

在明代,程朱理学的社会作用得到统治者的广泛认可,在较长一段时间内都对人们的思想具有较为强大的束缚作用。明代理学家薛瑄在朱熹思想的基础上对理学做了进一步发展,提出了"实得而力践之"和"下学人事,上达天理"的道德修养原则,强调要将理学的道德思想转化为自身的实践活动。另一位理学家吴与弼则把朱熹的理学思想与陆九渊的心学思想相结合,把从先秦时期到宋代的儒家学说都归结为"存天理,灭人欲"的圣贤之学,主张要"学为圣贤",其主要方法是"学圣人无他法,求诸己而已"。因此,他认为:"欲到大贤地,须循下学工。文章深讲贯,道德细磨砻。"显然,这种"静观涵养"和"洗心""磨心"的道德修养方式,是理学和心学的一种独特结合。

五、明清时期的传统道德思想

明末清初,社会和阶级矛盾日益突出,中国封建社会的发展开始步入晚期,并逐渐走向衰败。明中叶以后,我国开始有了资本主义的萌芽,然而却受到封建专制主义的压制。封建统治者实行高压政策,横征暴敛,阶级矛盾空前尖锐,最终导致李自成和张献忠领导农民发动起义。清军入关,更使民族矛盾日趋严重,以程朱理学为代表的封建伦理思想虽然仍处于正宗地位,但其专横、腐朽的思想统治,不仅禁锢了人们的思想,更为严重的是阻碍了社会的发展,给整个民族带来了危害。在这种特定的历史条件下,一批进步思想家,如李贽、黄宗羲、王夫之、顾炎武、颜元等人,对以程朱理学为代表的儒家学说进行了一定程度的批判。在道德伦理问题上,他们把道德与功利、天理与人欲统一起来。虽然他们的观点各异,批判的侧重点也有所不同,但是他们都以程朱理学代表的封建伦理思想为批判对象,带有反封建的启蒙意义。这些观点对近代乃至当代道德教育都产生了重要影响。

第三节　思想政治教育学对西方相关教育理论的借鉴

国家对民众进行思想政治教育，以维护政权和社会的稳定，是一种必然的、普遍的社会现象。西方国家的思想政治教育具有显著的西方特色，是西方资本主义政治、经济、文化制度长期孕育的产物，是为西方国家的政治、经济、文化制度服务的。

一、古代西方教育理论

（一）苏格拉底：美德即知识

苏格拉底是古希腊伟大的思想家、哲学家，西方伦理道德史上第一个道德教育家，西方教育理论的开创者。其德育思想与其哲学观点密切相关，在西方哲学史上，他最早实现了从关注自然到关注人的伦理学转向。他认为，教育的目的是发展人，以培养出具备高尚品德和渊博知识的人才。其"美德即知识""认识你自己"等命题，以及"产婆术"教学法都为思想道德教育领域提供了丰富的思想源泉。

（二）柏拉图：理想教育模式

柏拉图是"三师徒"中承上启下的人物，其哲学著作《理想国》包含着他全部的道德与哲学的教育理论。在《理想国》中，柏拉图以一个完美国家的构建为目标，系统地阐述了自己理想的教育模式。

首先，柏拉图认为知识和德行都是先天的来自人自身的"理念"。柏拉图认为世界分为现实世界和理念世界，现实世界是理念世界的投影，理念是事物构建自身的本质。在理念世界中，人以灵魂的状态存在，由不同的材质做成；在现实世界中，人的知识来自对理念世界的回忆。因为灵魂材质的不同，人在现实世界回忆知识的多少也不相同，所以，柏拉图认为人的天赋是影响人获得知识的重要因素，只有具备一定天赋的人才能够接受相应的教育，才能够担任相应的社会职位。这些观点构成了柏拉图《理想国》中道德教育思想的理论基石。

其次，在其理念的影响下，柏拉图认为教育的目的在于引导人们从现象世界转向理念世界，实现理念的回复，从而接近自身所能接触的最高的善。他认为，德育路径是天生、实践与学习。在实践方面，柏拉图尤其重视对儿童习惯的影响和培养，注重在德育过程中环境对人的潜移默化的影响，尤其是在人的幼年和青年时期。

（三）亚里士多德：美德乃是中庸之道

亚里士多德是古希腊百科全书式的人物，以及教育思想和教育经验的集大成者。亚里士多德对道德教育做出了比较全面和系统的阐述和论证。他提出的教育必须适应人的自然发展原则、必须按年龄特征来划分受教育阶段，应该是最早的关注受教育者的理论。

首先，亚里士多德没有完全继承柏拉图的理念。他认为，任何事物都是质料和形式的统一，人也不例外。人在质料上表现为身体，在形式上表现为灵魂，身体和灵魂是和谐统一的。他认为，人之所以为人，在于其理性灵魂的发展，教育的目标就在于追求理性，培养优良的公民,治国安邦,并促进个人幸福。亚里士多德提出了"白板说",认为人的灵魂就像一张白纸,知识经过感觉进入人的意识之中,不断完善人的理性灵魂。

其次,亚里士多德提出了"美德乃中庸之道"。他不赞同苏格拉底"美德即知识"的观点,认为知识对美德来说是必要的,却不是唯一的条件,知识只是人的道德行为的指导,美德的形成必须知行统一。他提出,道德教育的最高境界是达到中庸,"事物有过度、不足和中间,德行的本性就是恰得其中间"。

最后,亚里士多德认为影响道德教育的因素主要有天赋、习惯及理性,并称之为道德教育之"三端"。他认为,天赋固然是美德养成的一个重要因素,但是付出时间进行教育之后养成的习惯和教育之中获得的理性更是完善美德的重要因素。亚里士多德在这里强调了过程的重要作用,他认为人的美德都是缓慢发展而来的。

(四)昆体良:雄辩家教育思想

昆体良是西方古代教育的集大成者,其12卷巨著《雄辩术原理》说明他是西方历史上第一位全面论述教育的西方思想家。《雄辩术原理》全面总结了古希腊、古罗马的教育思想和教育经验,系统论述了年轻一代的教育问题。他认为道德素质是理想的雄辩家所应具备的首要素质,提出了适应自然的道德教育方法。

第一,昆体良把道德培养看成雄辩家教育工作的首要任务,强调道德教育的作用。昆体良认为,优秀的雄辩家首先应具有崇高的品德,高尚的德行要比优秀的才能更加重要。他不仅把道德培养摆在教育工作的首要位置,更强调教育在个人道德品质形成过程中的重要作用。昆体良主张把道德原理作为学校的主要课程,并且提出了学前教育、初等教育、中等教育和高等教育四个阶段的全部教育问题,并在各个阶段都安排了相应的德育内容和德育方法,以期通过循序渐进、须臾不可间断的德育,使学生获得正义、善良、节制、刚毅、机智等品质,成为一个有德行的人。

第二,昆体良提出了教育应适应自然的原则和方法。"鸟生而能飞,马生而能跑,野兽生而凶残,唯独人生而具有敏慧而聪颖的理解力。"昆体良也承认天赋差异的存在,主张教育应顺应人的自然天性。在此基础上,他还提出了一些重要的道德教育原则。首先,教育应及早开始。"愈是年龄小,头脑就愈易于接受小事情,正如只有在身体柔软的时期,四肢才能任意弯曲,强壮本身也同样使头脑对大多数事物更难于接受。"其次,教育应因材施教。"应当首先弄清他(学生)的能力和资质",并要"善于精细地观察学生能力的差异……因为每个人的才能的确有不可思议的差别。人心不同各如其面",因而要在"教学中适合个人的特殊情况和需要,使每个学生都能发挥各自的长处"。最后,昆体良提出了教学应当遵循循序渐进的原则。他认为优秀的教师应先了解学生的个性及能力,尊重学生的理解能力、接受能力,与学生的天性密切结合,相辅相成,相互促进,更好地开展教学工作。

第三,昆体良高度重视教师在思想道德教育中的作用。他认为教师在教育中应才德俱优,言传身教,为人师表;教师应具备渊博的知识、澎湃的激情、高超的教学艺术;教师在教学中应运用激励、赞美的方式激发学生积极向上的积极性;教师不仅要知识渊博,还应该讲究教学艺术,寓教于乐,形式多样,尽量采用启发式教学,特别要反对体罚;教师应当遵循自然教育原则,深入了解学生的心理特征、个性、才能和倾向,更有针对性地组织教学。

二、近代西方教育理论

(一)洛克:绅士教育思想

约翰·洛克是英国近代史上最重要的一位哲学家、政治家和教育家,其教育名著《教育漫话》中所提出的绅士教育思想标志着英国从封建教会教育到资产阶级世俗教育的转变,适应了当时新兴的资产阶级的社会需要,奠定了英国近代教育的思想基础。洛克是新兴资产阶级的代表,培养绅士是洛克教育思想的最高目标。他认为真正的绅士应具备"德行、智慧、礼仪和学问"四种精神品质。

1.洛克绅士教育的理论基础和内容

洛克认为:"我们日常所见的人中,他们之所以或好与坏,或有用与无用,十分之八九都是由他们的教育所决定的。人类之所以千差万别,便是由于教育之故。"根据绅士教育的目的,洛克主张从德智体三个方面系统地对绅士进行教育。他最重视体育,认为一个健康的身体是绅士从事工作的基础;其次是德育,洛克认为良好的德行是绅士的灵魂;智育则是对绅士一切活动的辅助。在德行教育方面,绅士的德行应该具备两个方面的内容:①理智。因为一切道德与价值的重要原则及基础在于顺从理性所认为最好的指导来克制自己的欲望,所以德行首先是自制力的培养,即培养坚忍的性格以使自己的言行符合社会的道德规范。②礼仪。礼仪意味着良好的举止和行为或态度,美德固然是精神上的一种宝藏,但使其焕发光彩的是良好的礼仪。

2.洛克绅士教育思想的原则和方法

洛克认为:"导师不只应该进行劝导谈论,而且应该利用教育的工作技巧,把它提供给心理,把它固定在心田里面。"在德育的原则和方法上,洛克提出了以下四点理论:第一,道德教育应顺应自然和理性约束。洛克认为,教育要符合儿童"心性",要根据儿童的个体差异因材施教。同时,人是具有理性的动物,要通过规范约束、习惯养成使其长大后能自觉接受理智的规范与约束。第二,道德教育应及早实践,及早训练。幼儿未接受任何的知识,心智未开,最容易接受基本的道德原则,而且会受益终身。第三,道德教育应宽严有度和奖罚得当。洛克认为,对孩子既要亲近又要让他有所敬畏,只有宽严结合且有度,才能使其遵守规范。奖励主要是称赞和鼓励,重在培养孩子的荣誉感,而非物质奖励;惩罚特别是体罚,应尽量少用。第四,道德教育应该综合运用说理、习惯养成与榜样教育的方法。洛克认为,由于人是理性的动物,说理是对待人们尤其是对待青少年的真正办法。他还主张在说理的同时遵循相应的规则,通过反复练习养成习惯,而一旦养成良好的习惯,就不需要死记规则,道德就形成于自然。在各种教育方法中,树立榜样是最简明、最容易且最有效的办法,因为榜样示范符合儿童模仿性强的特点,其教育力量较之口头说教要大得多。

(二)卢梭:自然教育理论

让·雅克·卢梭是自然教育思想的主要代表人物,其教育名著《爱弥儿》在教育史上具有划时代的影响。卢梭要求培养反封建的资产阶级"新人",主张教育应适应自然,培养适应新资产阶级要求的自然人。

首先,自然教育原则是卢梭德育思想的基本法则。在卢梭看来,人的教育来自三个方面,"或是受之于自然,或是受之于人,或是受之于事物"。"我们的才能和器官的内在的发展,是自然的教育;别人教我们如何利用这种发展,是人的教育;我们从影响我们的事物获得良好的经验,是事物的教育"。自然是人的自然本性,事物的教育实质上是环境教育,对于环境教育人们可以有所把握,人的教育完全取决于人,但"每个人的心灵有它自己的形式,必须按它的形式去指导他,必须通过它的这种形式而不能通过其他的形式去教育,这样才能使你对他花费的苦心取得成效"。因此,自然的教育是人所不能办到的,必须在最自然的环境中方能实现。

其次,卢梭提出了自然教育分期理论和德育内容与方法。自然教育原则要求教师顺应儿童天性发展,这就必须考虑两个方面的内容:①要考虑人的发展的自然进程,并以此确定教育目的、内容和方法;②要考虑人的天性中有善良和自爱的情感。而道德教育主要是与人的情感相关联的教育,所以道德教育的关键在于把人们天性中的自爱发展为博爱的情感。在自然教育分期方面,卢梭认为自然教育可划分为四个时期:幼儿期、儿童期、少年期、青年期。在《爱弥儿》中,卢梭对四个时期的教育重点都有所论述。他强调教育应该逐渐从自然走向社会,培养能够承担"自然后果"的社会人。另外,自然教育原则在卢梭的道德教育思想的体现,可以将道德教育概括为以情感培养为主要内容,以实践活动的学习为重要路径。一方面,要让受教育者在自身成长和教育中处于主导地位,要遵循由浅入深、从具体到抽象的道德观念发展规律,从习惯养成着手,到培养道德情感、道德意志,依次递进。另一方面,要从活动中学习。卢梭反对道德说教、死记硬背以及严格的纪律,强调要以行动而不以言语来实施教育。

(三)康德:实践理性的教育思想

伊曼努尔·康德是德国古典哲学的创始人、伟大的伦理思想家、理性主义教育思想的主要代表人物。康德的道德教育思想主要体现在他的《实践理性批判》《道德形而上学原理》《教育论》等著作中,与其批判哲学有着密切的关系。他强调思辨能力的训练,提倡实践理性的道德教育思想。

首先,康德把道德教育视为自由的实践理性领域。康德把世界二分为现象界和本体界,认为现象界是被理论理性(知识)规范化了的现象总体,理论理性是人为自然立法,而人必须服从于自然法则,因而现象界是必然的自然领域。本体界即物自体,是超出经验、不被知性所规定的存在,实践理性是自由意志,是人为自身立法,因而可以超越认识界限达到本体界,本体界是自由的实践理性领域。在康德看来,道德就是自由的实践理性领域,其中,人遵循自由意志,自我立法自我遵守,既是自由的也是自律的,所以康德的伦理学基础依赖于人的理性,凸显人的价值和尊严,"人要为自己的完善和他人的幸福负责"就成为康德道德法则中的"绝对命令"。进而言之,人是道德教育的终极目的,道德教育也是自由的实践理性领域。康德认为实现道德教育是从他律到自律的过程,自律是道德教育的唯一原则,道德教育应使道德法则成为人的内心法则再外显于实践行动,因而,培养道德主体的主体性成为康德道德教育方法的出发点。

其次,康德的道德教育方法论是实践理性的。人为自然立法进入知识领域,人为自己立法进入道德领域,亦即实践理性的领域,这就意味着知识能够通过灌输和训练进行,而道德教育最终要靠个人实践理性的力量来实现。康德的实践理性道德教育方法论可以分为四个层面:一是训练道德判断力。在康德看来,人的理性中有一种喜欢对道德问题做最精确考察的倾向,教育者要善于引导并运用这种倾向,促使受教育者对各种行为的道德内涵进行评判,区别实际行为中的不同责任,从而锻炼并奠定道德判断力。二是利用实例教育来培养道德意向的纯粹性。道德判断、理性意识的训练只是基础,道德指向人的自由意志,意志的完善性要求道德行动应来自道德意向的纯粹性,所以要通过实例展示道德意向(自由意志)的纯粹性,训练受教育者对义务的敬重,达到意志的完善性。三是采取苏格拉底的"产婆术"教学方法。康德认为,既然道德指向内在的自由意志,道德自律靠的是个人的内在的实践理性的力量,那么实践理性的道德教育方法也是自由的,不是强制的,是批判的,不是独断的,所以康德十分推崇苏格拉底的教学法。四是通过实现伦理共同体的联合来达到道德的至善。

康德把道德教育领域看成自由的领域,力图摆脱道德教育的工具价值。他强调在道德教育中发挥人类的理性意识,强调道德思辨能力训练。他提供的实践理性方法是一种尊重人的主体性、自律的道德教育方法论。

(四)赫尔巴特:"五种道德观念"学说

约翰·弗里德里希·赫尔巴特是19世纪德国哲学家、心理学家、科学教育学的奠基人,是第一个把教育科学化的教育学家。在道德教育方面,他认为,教育唯一的和全部的工作都可以归结于道德,道德是教育的最高目的,道德教育的目标是培养具有内心自由、完善、友善、正义和公平"五种道德观念"的完人,教学是道德教育最基本的途径。

首先,赫尔巴特以五种道德观念学说为核心内容的实践哲学构成了其道德教育思想的一个理论基础。他认为,"五种道德观念"构成人类的道德基础,是维持社会秩序的永恒真理,为此,其实践哲学的核心就是"五种道德观念"。内心自由是道德要求的首要因素。个人内心的理性判断驾驭自身的意志和行为,避免受外界因素的干扰和内心欲望的摆布,达到个人意志、行为与理性的协调一致。如果个人不能实现自己内心的自由,就要依靠完善和友善的观念,和谐处理自己与他人、与社会的矛盾。在与人起冲突时,个人应坚持公平正义的观念,克己守法,维持社会公平有序。

其次,观念心理学构成了赫尔巴特道德教育思想的另一个理论基础。赫尔巴特承袭苏格拉底"美德即知识"的观点,把道德归结为"观念",进而归结为知识。他认为教育领域的大部分问题都是因为缺乏对人内心的认知,于是第一个明确提出教学要以心理学为基础。在哥廷根大学研究期间,他确立了自己的观念心理学,把观念看作人的全部心理活动的基础。观念心理学的另一个基本概念是统觉,认为旧观念被新观念所同化和吸收、新旧知识实现融合就是"统觉",任何观念、概念乃至知识的形成都是"统觉"的过程。

最后,赫尔巴特通过管理、教学、训育三个阶段来实现自己的道德目标。他认为,道德教育是全部教育的核心,为了把道德认知灌输于儿童的认识之中,应把道德教育分为不同的阶段。其一,管理是教育过程的前提、教学的基本条件,应通过管理使儿童从小养成守秩序的习惯。其二,教学是实施道德教育最基本的途径。赫尔巴特十分重视教育教学,他认为:"教学如果没有进行道德教育,只是一种没有目的的手段;道德教育如果没有教学,就是一种失去了手段的目的。"其三,赫尔巴特认为道德教育是品格教育,即通过训育形成性格的过程,所以道德教育既要与儿童管理和知识教学相结合,又要发挥训育的特殊作用。

(五) 涂尔干:社会道德教育

埃米尔·涂尔干是功能主义教育思想的主要代表人物。他第一个把道德作为社会现实,用社会学的研究方法来研究道德,把世俗道德从宗教道德中分离出来。

首先,涂尔干提出了道德三要素理论。在《道德教育》导言中,涂尔干提出道德教育应该建立于以理性为基础的世俗道德,"我们必须发现那些长期承载着最根本的道德观念的宗教观念的理性承载物"。他认为世俗道德是由纪律精神、牺牲精神(对社会群体的依恋)和知性精神(自主或自决)三个要素组成的。他从社会学的眼光来看道德教育,认为首要要素就是纪律。道德包含常规性和权威性,是规范的两个特征,这就是纪律的概念。道德的次要要素就是个人对社会群体的依恋。他认为:"如果人要成为一种有道德的存在,他就必须献身于某种不同于他自己的东西,他必须感到与社会一致⋯⋯道德的起点就是社会生活的起点。"道德的第三要素就是道德的知性。涂尔干认为,道德良知需要的是行之有效的自主性,而科学是我们自主性的源泉:"我们只能以与我们征服物质世界相同的方式来征服道德世界:创建一门有关道德问题的科学。"

其次,在涂尔干看来,道德教育的目的就是培养儿童使之具有道德三要素。他以纪律作为考察的起点,认为正是通过对学校纪律的实现,我们才得以在儿童内心灌输纪律精神。学校是个体品德社会化的合适环境,"学校在儿童道德教育中所负有的任务,能够而且应该成为最重要的工作",而小学阶段是儿童离开父母开始进入集体生活的时期,因而是最合适的道德教育年龄阶段。

最后,涂尔干还专门讨论了学校道德教育中的三个问题。第一,在儿童的心理特点与纪律精神的培养问题方面,他认为儿童心理既有流动易变和情绪化的特征,又有习惯性和易受暗示性的特点,教师应恰当运用这两个方面的特征,培养儿童的天性。第二,在教师权威的问题方面,他认为教师是他的时代和国家伟大的道德观念的诠释者,他必须有果敢的意志力,对自身职责有神圣的庄严感。第三,是学校道德教育中惩罚与奖赏的问题。"为纪律赋予权威的并不是惩罚,而防止纪律丧失权威的,却是惩罚。"另外,涂尔干提出了道德教育和道德教学、道德现实与道德理想、道德原则等概念的区别。他认为,道德教育重在形成习惯、唤起情感和激发行为动机,即培养纪律精神和牺牲精神,而培养道德的知性精神关键在于道德教学,道德教学是"对(道德)规范本身、规范的根源以及存在理由进行符号解释⋯⋯教授道德既不是布道,也不是灌输,而是解释"。

三、现代西方教育理论

(一)杜威:实用主义道德教育思想

约翰·杜威的实用主义教育思想不仅对美国,而且对世界许多国家的学校教育都曾产生过广泛而深刻的影响。杜威的思想是以传统的赫尔巴特教育思想为对立面形成并发展的,建构于其哲学思想中的实用主义经验论、机能心理学和民主主义的理论基础上,强调教育与生活、学校与社会的联系,强调实践教学。学校道德教育理论是杜威实用主义教育理论的重要组成部分,主要体现在他的《教育中的道德原理》《学校与社会》《中学伦理学教育》《民主主义与教育》等著作中。

首先,"教育即生活"与"学校即社会"是杜威教育思想中的两个基本观点。他认为,教育是经验不断改造的过程,是经验的生成、生长过程,最好的教育是从生活中学习、从经验中学习,所以"教育即生活""教育即生长"。另外,教育是一个社会生活过程,学校生活就是社会生活的一种方式,学校必须为儿童呈现现实的社会生活,因而学校应该是一个雏形的社会,"学校即社会"。杜威认为,思想道德教育的目的是培养社会的良好公民。他反对传统道德教育脱离现实生活进行纯道德观念的传授,强调教育应与生活和社会保持一致,因为"只有当学校本身是一个小规模的合作化社会的时候,教育才能使儿童为将来的社会生活做准备"。这就意味着,学校思想道德教育的内容要以社会生活为主。

其次,"以儿童为中心""从做中学"是杜威实用主义道德教育的基本原则。杜威认为,教育的基本原则应该是"以儿童为中心"和"从做中学"。"以儿童为中心"就是一切以儿童为出发点,以儿童为目的。儿童教学必须从心理学的基础上探索儿童的本能、兴趣和习惯,都应该服从于儿童的兴趣和经验的需要。"从做中学",就是"从活动中学""从经验中学"。按照这两个基本原则,杜威认为学校道德教育要采取间接的道德教育途径,即将道德教育寓于学校生活、各类学科的教学和日常学习生活实践中,特别是要通过儿童参加各种活动和社会实践来加强道德训练。他提出了两种学校道德教育方法:一是要以探究、商量和讨论的方法来代替传统教育中强制性灌输的方法,这是"以儿童为中心"的必然诉求。二是"从做中学",即社会实践的道德教育方法。他认为通过社会实践可以避免传统道德教育空洞说教、强行灌输而导致的知行脱节的弊病。

(二)苏霍姆林斯基:个性全面和谐发展

苏霍姆林斯基一生辛勤工作,致力于教育理论和教育实践的创造性探索,其教育思想来源于教育实践,对世界教育领域都产生了广泛的影响。苏霍姆林斯基认为,学校教育的目标就是培养社会主义的公民和"个性全面和谐发展的人",和谐全面发展的核心则是高尚的道德。

按照苏霍姆林斯基的个性全面和谐发展理论,道德教育必须遵循以下四条基本原则:其一,必须尽量使人们丰富多样的才能、天赋、兴趣和爱好等个性特点充分发挥。这就要求教师尽可能了解孩子的个性特点,因材施教。其二,集体的道德素质是个体道德素质的源泉。由于外部环境是学生精神生活的决定因素,学校集体是学生的外部环境,所以苏霍姆林斯基强调集体教育,重视学校集体对学生道德教育的特殊作用。其三,在德育中要重视培养学生的自我教育能力。苏霍姆林斯基认为,只有激发自我教育的教育才是真正的教育,在建立丰富多彩的集体生活的基础上,教育的关键就在于要激发学生良好的精神状态以及自我教育的愿望和要求。只有通过儿童自我教育、自身努力,才能形成良好的道德品质。其四,宽恕优于惩罚,惩罚必先教育。在苏霍姆林斯基看来,惩罚要少用、慎用,惩罚的目的在于教育,惩罚必先教育才有意义。只要儿童不是故意作恶,一般都不应给予惩罚,在这种情况下,恰恰可以通过宽恕触及儿童自尊心的敏感部分,使其产生改错的意愿和积极性。无疑,这些原则对现在来说也是很有益的。

在具体实施德育的过程中,苏霍姆林斯基认为以下三个方面非常重要:第一,要注意儿童良好道德习惯的培养。童年是道德习惯养成的关键时期,我们必须重视道德教育,使儿童逐步认识社会的道德准则,尽早养成良好的道德习惯。第二,要注意培养儿童丰富的道德情感。他认为,道德情感乃是"道德信念、原则性和精神力量的核心和血肉;没有情感,道德就会变成枯燥无味的空话"。第三,要帮助儿童树立坚定的道德信念。苏霍姆林斯基深刻认识到,道德信念是道德发展的最高目标,德育就是要在儿童的心目中把道德概念变为道德信念,只有当道德行为形成道德习惯并最终成为儿童内心信念支配下的行动时,儿童才能够把道德行为、道德习惯、道德情感和道德意识全部融为一体,才能称得上形成自己的道德品质。

第三章 新时代高校实践思政教学改革

在思想政治教育学科创建初期,大多数学者倾向于从"社会需求论"来定义思想政治教育,认为思想政治教育只是为了社会的需要而服务,为社会需要而培养人才,与个人利益相悖。这种理念的流行导致思想政治教育工作置于被动境地。高校思想政治教育既承担着引导青年学生前进方向的重任,又发挥着宣讲平台、传播平台的重要作用。习近平总书记指出:"办好思想政治理论课,最根本的是要全面贯彻党的教育方针,解决好培养什么人、怎样培养人、为谁培养人这个根本问题[①]。"高校思想政治教育要为社会主义建设培养人才,要对30年之后实现中国梦的青年学生负责,要为实现民族复兴大任培养人才,此为高校思想政治教育的出发点和立足点。

传统印象中,高校思想政治教育是枯燥无趣、缺乏学习激情的,思想政治教育需着眼于学生厌学的原因来探索育人新路径。实践思政致力于挖掘实践中的思政元素,充分发挥学生的积极性、主动性和创造性,解决"理论"与"实践"的割裂问题,打破传统的"师讲生听"教学模式,推动学校、家庭和社会多方合力打造多元化、多样化的思政育人体系。

第一节 实践思政打通思政育人"最后一公里"

实践思政具有针对性和实效性,通过丰富精彩的课程内容,向学生讲清道理、阐释原理、解惑释疑,直击学生内心,点亮学生灵魂,不断增强学生的"四个自信",引导学生坚定远大理想,学会运用唯物辩证法去思考问题、剖析问题,树立崇高价值观念,传承中华优秀传统文化,弘扬正能量。实践思政的教育目的是培养理想信念坚定、本领过硬、勇于担当、勇立潮头的时代新人。具体而言,实践思政在促进大学生"学懂"科学理论、坚定理想信仰,"弄通"方法体系、学深悟透理论内涵,"做实"核心价值观、联系实际、见诸行动等方面发挥着重要作用。其中,"学懂"是前提,"弄通"是关键,"根本"在做实。

一、实践思政促进大学生"学懂"思政理论

从某种程度而言,"学懂"马克思主义理论与否,决定着大学生思维的广度与思想的高

---

① 习近平.用新时代中国特色社会主义思想铸魂育人贯彻党的教育方针落实立德树人根本任务[N].人民日报,2019-3-19(1).

度。概而言之，"学懂"思政理论是思政教育工作的前提，也是实践思政的内在要求。习近平总书记指出："思政课的政治性、思想性、学术性、专业性是紧密联系在一起的，其学术深度广度和学术含金量不亚于任何一门哲学社会科学！"①时代不断变迁，新一代大学生的成长环境也出现日新月异的变化，他们信息接收面广、思想活跃，有自己独立的想法，对权威的认同感不断削弱。传统思政课教学模式下，教师主导性强，学生参与度不强，无法完全调动学生学习的主动性和积极性。教师在课堂上主要讲述理论知识，学生整体上表现为排斥状态。学生对思政课的重视程度低，突出表现为对思政理论知之甚少。

（一）"学懂"思政理论的必要性

"学懂"思政理论是掌握马克思主义基本理论的必然要求和应有之义。

中国共产党是马克思主义指导下的执政党。在被视为共同的思想基础的马克思主义科学理论指导下，中国的革命、建设、改革取得了世人瞩目的非凡成就。大学生学习思政理论是接受思政教育的重要一环，"学懂"思政理论要全面吸收、准确理解马克思主义的历史逻辑、现实基础和价值意义。进一步而言，"学懂"思政理论就是全面系统地掌握习近平新时代中国特色社会主义思想的理论要义、主旨内涵、重要地位，运用发展的观点将其与马克思列宁主义、毛泽东思想、邓小平理论、"三个代表"重要思想、科学发展观相联系，真正做到马克思主义理论入脑入心。

"学懂"思政理论是培养社会主义建设者与合格接班人的重要保障。作为实现中华民族伟大复兴的"后来人"，大学生是国家宝贵的人力资源。"学懂"思政理论涉及把握马克思主义基本原理，理解新时代中国特色社会主义思想，坚定马克思主义信仰和中国特色社会主义信念，用科学理论培植精神家园。当前，随着经济全球化的日益推进、社会各个领域的发展变革和多元文化因素的碰撞，青年大学生思想状况呈现出多元化、多样化特征，社会主流价值观和基本道德规范遭受挑战。如此形势下，"学懂"思政理论显得尤为紧迫。思政理论通过马克思主义的世界观与方法论的详细阐释，采用辩证唯物主义和历史唯物主义的方式方法引导学生面对问题、剖析问题和解决问题，以潜移默化的方式武装学生的头脑。

由此可见，"学懂"思政理论极为重要，又相当必要。各高校应立足于本校校情，从师资配备情况、生源情况、实践基地建设情况出发，"围绕马克思主义基本原理和马克思主义中国化理论成果，了解党史、新中国史、改革开放史、社会主义发展史，中华优秀传统文化、革命文化、社会主义先进文化，宪法法律等进行理论学习。"②

实践思政助力大学生"学懂"思政理论。理论要想深入人心，就必须要应用于实际。实践思政的理论基础是马克思主义哲学。毛泽东指出："马克思主义的哲学认为十分重要的问题，不在于懂得了客观世界的规律性，因而能够解释世界，而在于拿了这种对于客观规律性的认识去能动地改造世界。"实践思政的存在，就是引导大学生运用马克思主义方法论解决现实问题，认识其真理性，坚定"四个自信"。

---

① 习近平. 思政课是落实立德树人根本任务的关键课程[J]. 新华月报，2020(21):21-28.
② 中共中央宣传部教育部关于印发《新时代学校思想政治理论课改革创新实施方案》的通知[Z]. 中华人民共和国国务院公报，2021(9).

(二)"学懂"思政理论的重要性

青年时期是人生最重要的转折时期,往往决定了一个人的前进方向与人生高度。青年大学生具有精力充沛、思维活跃、自我意识强的特点,同时自制力相对薄弱,认识问题、剖析问题的能力有待加强。随着新媒体时代的到来,青年大学生需要面对多元化的网络信息和复杂的社会思潮,如果没有坚定的理想信念、正确的价值观和理论作为引导,很容易走弯路。

"学懂"思政理论有助于强化大学生的理论自觉。思政理论承担着传递共同的理想信念,用中国理论引领中国道路的责任。强化对大学生的思想引领是思政理论的突出特征。大学生在"学懂"基础上灵活运用马克思主义基本原理、方法、立场,建构起科学的、系统的思想体系,科学评析当今社会出现的种种问题,科学回答关于社会主义建设与改革中的各类问题,科学定位个人与国家、社会之间的关系,科学看待历史与现在、理论与实践、当前与未来之关系。

"学懂"思政理论有利于激发大学生的历史使命感与责任感。理论上的清醒是坚定政治信仰,凝聚社会共识的前提与保障。"学懂"思政理论,就是坚定不移地维护马克思主义在意识形态领域的主导地位,就是坚持用习近平新时代中国特色社会主义思想武装头脑。学懂了思政理论,深化了理论认知,便理清了"是什么、为什么、做什么"的问题,强化了政治认同,凝聚了思想认同,汇聚了情感认同。唯有如此,才能将"人民有信仰,国家有力量,民族有希望"的理想信念融会贯通,落实到实践行动。

(三)促进大学生"学懂"思政理论的路径

青年大学生是一个对外界环境非常敏感的社会群体,高校教师如何教好思政理论,大学生如何"学懂"思政理论是一个重大的课题。实践思政可以为青年大学生提供思政理论知识和社会实践方式,丰富大学生的生活经验,引领青年大学生的思想,塑造青年大学生的价值观念。

实践思政有助于深化课程教学理性,挖掘思政理论深度。教师在日常的课程教学中围绕系统讲授、专题教学、实践教学三个模块进行。系统讲授模块主要侧重于系统全面地教授理论知识,达到讲清、讲透的目的;专题教学模块通过邀请校内外专家学者授课的模式,通过集体备课、协同教学等机制设计,推动学校领导干部、专家学者和思政课教师、高校辅导员、校外专业力量等参与高校的思想政治课堂,统筹推进大学生思政课建设工作,发挥各门思政课优势,达到互补的目的。

实践思政有助于完善教学资源,拓宽思政理论广度。学生的问题就是教师的课题,实践思政教师需要及时关注时事和时代潮流,及时更新强化思政理论,加强思政课建设,把热点、焦点问题融入思政课堂。组织教师开展集体研讨,对冲击大学生生活与思想的舆论话题进行研判,制定应对方案。要"讲好中华民族的故事、中国共产党的故事、中华人民共和国的故事、中国特色社会主义的故事、改革开放的故事,特别是要讲好新时代的故事①",教师必须

---

① 习近平.决胜全面建成小康社会夺取新时代中国特色社会主义伟大胜利——在中国共产党第十九次全国代表大会上的报告[M].北京:人民出版社,2017.

与时俱进,加强课堂信息化。当代大学生的思维模式、思想观念、行为方式与高新技术的发展演变息息相关,高校教师应不断提升新媒体和新技术的应用水平,通过增强学生的集体认同感和意识形态意识,实现对思政理论的掌握,真正将思政理论融入头脑。

实践思政注重培养学生的实践能力,实现理论与实践相结合的内涵价值。通过结合学生学习需求,为学生构建完善的实践思政教育体系,注重与时俱进,解决理论教育与实践教育存在的问题,弥补大学生思政教育的缺失。高校可以结合校情,依托相关实践调研品牌活动,组织学生走进社会、走进企业、深入基层,从而进一步了解国情、探求新知,在社会实践中锻炼和发展。

二、实践思政助力大学生"弄通"方法体系

"弄通"方法体系,学深悟透理论内涵是抓好实践思政建设、落实立德树人根本任务的关键一步。"弄通"方法体系,指的是要深入地思考学习,采用系统的而不是零碎的、整体的而不是片面的、联系的而不是孤立的、全面的而不是局部的方式方法,把学习马克思主义基本理论同"四个伟大"的实践结合起来,把领悟习近平新时代中国特色社会主义思想同改革开放以来中国人民取得的伟大成就联系起来,把思政知识同个人成长成才的人生轨迹融合起来,做到融会贯通、学深悟透,自觉而坚定地增强运用理论指导实践的能力。

(一)"弄通"方法体系,悟透理论内涵的重要性

党的十九大报告指出:"青年一代有理想、有本领、有担当,国家就有前途,民族就有希望。""有理想"是党和国家对青年一代的首要要求,即前面论述的实践思政促使大学生"学懂"思政理论,夯实理想信念。"有本领""有担当"则要求青年学生做到学深一步、学精一步。"弄通"方法体系、悟透理论内涵是深化认识思政理论的必要环节。

"弄通"方法体系是提升大学生思想认识水平的重要一步。思政教育的价值主体是"人",围绕人开展的各项发展任务是互相联系的。现实高校教育中,只见事物不见人的情况比比皆是,存在只重视课程成绩、课堂纪律、优秀率等硬指标而忽视学生主体发展的倾向,乃至只是将学生主体作为完成课程任务的工具。大学生思想认识水平则被放置到边缘位置。"弄通"方法体系、领悟思政内涵是增强学生的获得感、满足感的重要保障。

"弄通"方法体系是协助大学生正确区分个人与社会、思想与利益的保证。泛滥的各种信息与五花八门的各类思潮直接导致部分大学生产生"思想上的疙瘩",突出表现为价值观念偏颇、思想认识不到位,难以区分个人利益与群众利益、集体利益的关系。因此,做大学生的思政工作,既要做到加强思想素养培育,还要注意从解决实际问题方面入手,教授方式方法,避免思政工作陷入虚无主义、利益至上的窠臼。

(二)"弄通"方法体系,悟透理论内涵的必要性

"弄通"方法体系,有利于大学生贴近生活,回应社会关切。列宁认为:"从生动的直观到抽象的思维,并从抽象的思维到实践,这就是认识真理、认识客观实在的辩证途径。"真理在实践过程中得以检视,又随着实践的进程而不断更新。系统性的理论知识毕竟与现实生活所面临的问题有距离隔阂。学生通过将学习到的理论知识应用于日常生活中,加深对思政

内涵的理解。学生进行实践的过程也是回归生活的过程。实施实践思政可促使学生回归实际生活,进一步引导学生将课上学习过的理论知识和自己的实际生活相结合,让学生更加充分地理解思政教育的目的。

"弄通"方法体系,有利于夯实大学生"三观",促使价值回归。"弄通"方法体系的一个重要作用就是帮助大学生建立起正确的"三观"。在社会多元文化的冲击下,部分大学生出现了意识形态模糊、价值观扭曲等错误倾向。学生通过"弄通"方法体系,领悟思政内涵,掌握人类历史发展的规律,认清中国特色社会主义的历史必然性,才能做到以人民幸福、民族复兴为己任。

"弄通"方法体系,有利于解答大学生的价值疑惑,提升个体道德水平。一个人只有具备优秀的道德品质才能够确保其在未来的工作中稳定发展。"弄通"方法体系可以帮助大学生积累社会经验,锻炼思维能力,提升思想认识,为日后工作和生活打下基础。大学生只有将思政理论做到融会贯通,把握好个人利益与群众集体利益的辩证关系,将自身价值观念融入社会发展历史大趋势,方能自然而然地实现价值观回归理性的目的。

(三)"弄通"方法体系,悟透理论内涵的路径

实践是马克思主义的本质特征,伴随着社会实践的螺旋上升,马克思主义也在不断更新完善。大学生通过社会大课堂的磨炼能够真切体会到思政的内涵,在实践中体验方法体系的妙用。有了方法体系的科学指导,学生在社会上才不会轻易迷失方向。实践思政的突出特征就是挖掘实践过程中的思政元素,实现实践与理论的深度融合。

实践思政是集思想性、理论性、学理性于一体的。它倡导学生在实践中增长本领,精准掌握学生现实需求,引导学生以所思所见所闻所感体悟课堂教学中理论知识的独特魅力,通过书面知识与现实生活的结合,实现对马克思主义理论认识的升华。

具体而言,实践思政可在以下两个方面帮助大学生"弄通"方法体系、悟透理论内涵。

第一,实践思政把握学生需求,结合社会需要。当代大学生的精神世界具有个性化、复杂性、随机性的特征,这与社会发展息息相关。实践思政的建设与发展,正是正确把握学生的需求,结合国家社会发展的需要,实现教与学的深度融合。根据学生的思想意识和认知规律,向学生提供个性化层次结构化教育,让其理解自身应该承担什么样的使命,为什么应该承担那样的使命,怎么承担那样的使命。要坚定不移听党的话,服从党的领导,提高使命认识。

第二,实践思政完善教学内容,改变教学方法。实践思政的教学模式、教学方式是根据时代的变化应运而生的,它根据社会形势的变化而选择教学资源。实践思政教师要适应时代发展,创新大学思政形式。随着时代的变迁,学生参与课程的方式已不再是单纯的"课堂讲授"和"去班里听"。实现线上教育和线下教育的同频共振,将新媒体技术应用于教学,使大学生的学习参与度和热情高涨,才能提高实践思政的趣味性和有效性。

三、实践思政推动大学生"做实"核心价值观

"做实"核心价值观、联系实际、见诸行动是实践思政实现立德树人根本目标的关键所

在。大学生"学懂"思政理论、"弄通"方法体系的归宿是要"做实"核心价值观,就是要努力将马克思主义科学理论转化成个人奋发图强、锐意进取的精气神,就是把理想信念落实到真抓实干、投身社会主义建设的实际行动,就是要用实实在在的自觉行动使中华民族伟大复兴的宏伟蓝图落地生根。

(一)"做实"核心价值观的必要性

理论学习成果转化为实际行动的客观需求呼唤"做实"核心价值观。

高校思想政治教育是意识形态教育的重要组成部分,培养担当民族复兴大任的"有理想、有本领、有担当"的时代新人是大学生思政教育的重要任务。青年成长则国家富强,青年进步则民族复兴。学用结合方能产生实效,抽象的科学理论要发挥成效,关键还是要落实到丰富的社会实践中,转化为实践成果。倘若学生难以将理论知识为其所用,势必极大降低思政教育的"含金量"。培养社会主义建设者和接班人的育人任务要求"做实"核心价值观。邓小平曾说过:"我们最大的失误是在教育方面,思想政治工作薄弱了,教育发展不够。"大学生思政工作的重要性可见一斑。实践思政的本质是塑造大学生价值观的教育。一个人对人生观与价值观的看法体现在他的理想和信念上,此为支配人的实际行动的精神力量。一个人拥有怎样的理想和信念,就会产生怎样的行动。价值观决定了人在社会变革时期面对其他观念冲击时的表现。大学生思政工作处理妥当与否,关系到社会长治久安、国家前途命运以及民族伟大复兴的历史进程。一个人理想信念有正确价值观的支撑,才会变得更加坚定。

(二)"做实"核心价值观的重要性

"做实"核心价值观有利于让思政教育守正创新。思政教育本质上是马克思主义理论的教育,而理论思维是历史的产物,并不是固定不变的。它的内容随着时代的变迁而改变,在每个时代都有不同的表现形式。社会主义核心价值观也随着中国特色社会主义的发展不断增添新的内容,产生新的时代意蕴。大学生"做实"核心价值观的过程,也是思政教育因势而新、因时而进的过程。思政教育的守正创新正是在守正基础上遵循教育教学规律,加大革新力度,以增强大学生的接受程度、认可程度、转化程度为标准。

"做实"核心价值观有利于让思政教育深入学生心中。学习思政理论的目的在于灵活运用,理论的价值在于使用。青年学生作为国家和民族前途的建设者与筑梦人,是大学生思政课的主要授课对象。"做实"核心价值观将充分发挥社会主义核心价值观的指引性、基础性作用,精心引导、栽培处于人生"拔节孕穗期"的青年学生,引领学生扣好人生的第一颗扣子,培养拥护中国共产党领导、立志投身社会主义建设的有用人才。

(三)"做实"核心价值观的路径

实践思政是推动大学生"做实"核心价值观的重要途径,涉及教学理念更新、教学方式改善和教学资源选择等方面。

首先,实践思政明确了"干什么"。实践思政将思想性、政治性与实践性融为一体,始终秉承社会主义核心价值观,在教学中贯穿着马克思主义立场、观点和方法。明确"做实"核心价值观的目的就是引导大学生正确认识世界,全面了解国情,把握时代大势。

其次,实践思政明确了"怎么干"。在实践思政教学内容选择上,要做到思政课教材体系既符合国家统一规定,又别具特色,突出育人重点。在四门基础课教学基础上,采取专题教学、探究式学习、新媒体教学、现场教学、互动式教学等多种形式,坚定大学生理想信念,培养责任担当意识,自觉练就过硬本领,为实现中华民族伟大复兴贡献力量。

最后,实践思政明确了"如何干"。推动大学生思政教育的发展,"落实"核心价值观,需要自教师至学生、自学校至学院,自上而下贯彻实践思政育人理念,充分认识到实践思政在学生发展和能力提高中的重要作用。实践思政致力于实践与课堂的有效衔接,以学生需求为切入点,以体验式教育、沉浸式教育创新教育形式,促成社会主义核心价值观在大学生中得到立体化、全天候传播。

第二节　实践思政营造三维互动施教场域

将思想政治教育纳入国民教育是世界各国的普遍行为。不只在学校,家庭和社会也是人们接受教育和培养的地方。对社会而言,思想政治工作是一个客观存在;就学校而言,学校作为国民教育的主渠道、主平台,思想政治工作始终贯穿其中;就家庭而言,家庭环境直接关涉个人成长,孩子的一言一行深受父母的影响。虽然大学生思政教育主要通过学校实现,但社会大环境与家庭小环境的影响力愈发凸显。要取得思政育人实效,实现立德树人根本目标,需要学校、家庭和社会多方合力,发挥三者的叠加效应。按照教育部所要求的,"坚持开办思政课,推动思政课实践教学与学生社会实践活动、志愿服务活动结合,思政小课堂和社会大课堂结合"。

实践思政恰是立足"大思政"背景,构筑以高校教育为主导,以家庭教育和社会教育为支点,协调各方社会力量,构筑和谐共存的互动教育机制。积极探索实践思政的施教场域,探索高校思政教师精准施教的路径,对于落实立德树人根本任务大有裨益。

一、学校教育中的实践思政

在国民教育体系中,大学生思政教育是体现思想政治性的一种教学形式,大学生思政教育的主要形式是课堂教学,教师在课堂上通过教授理论知识与学生进行学习互动,最终实现育人功能。纵观人类教育发展史,教育的演变始终以学校机构为主导,传播知识与塑造价值观是主要内容。学习是求知与修养相结合的过程,学校教育不只是传播知识的平台,还担负着培育大学生价值观的使命。学生只有树立正确的价值观,才能将知识转化为对国家和人民的奉献,才能大有作为。因此,在大学时期能否树立正确的"三观",必然会对大学生的人生产生长期且巨大的影响。

(一)学校教育中实践思政的表现形式

实践思政既是一种教育形式也是一种教育理念,基于实践中思政育人的教育理念,突出学生主体地位,以彰显实践性、教育性、创新性为主要特征。不能简单地以传统思政课的教学途径和教学场域划分来把握实践思政。实践思政的教学场域既可以在校外,也可以在校内、在课堂。以往对实践类课程内涵的理解,多从施教场域的角度出发,认为实践课程只能出现在校外。这无疑是形式主义的错误判定标准,忽略了评判的根本标准是课程教学内容,以致许多高校不管不顾大量削减课堂教学课时,出现教师带领学生浩浩荡荡以"走出课堂""离开校园"的形式进行所谓的实践教学的情况。

事实上,受在校生人数几何数量剧增、校区位置偏僻、实践基地不足等多方面因素制约,走出校园实施实践课堂的情况并不理想。上述这样过分地以施教场域划分课程性质的观点与现象,直接矮化了实践类课程的精神实质,限制了思政课多样化的教学途径。须知,实践思政的目的在于提升大学生的综合素质,引导受教育者正确辨析课程内容与社会实践活动之间的辩证关系,加强理论知识内化为个体外在实际行动的转化。因此,在学校场域内开展实践思政在理论上是完全可行且在实际教育教学中行得通的。

高校是开展实践思政教学的实体单位,要将思想政治教育作为教学主线呈现在各学科教学内容中,用思政元素点亮实践,让思政课讲出专业内涵、专业课讲出思政情怀,确保思政思想贯通高校教学各个环节始终。与此相呼应,各学校要因地制宜地开展丰富多彩的校内实践教学,充分利用教学楼、食堂、大学生活动中心、学生公寓、操场、图书馆等校园公共空间,将社会主义核心价值观、四史教育、劳动教育、英烈楷模、优秀共产党员等思政因素化为校园环境文化的重要组成部分。

校园内的实践思政要突出学生主体,以校园内实践活动为载体,激励学生主动设计、主动探索、主动感悟,实现自我教育的育人目的。具体而言,高校党委牵头,统一协调各二级教学单位,在全校范围内实施"一院一赛""一院一品""一班一主题"等实践思政评比活动;以班级、社团、小组为单位开展模拟联合国、主题辩论赛、微电影、案例教学、演讲、历史场景模拟、知识竞赛等。上述校园范围内的实践活动与学生日常生活、正常上课息息相关。用潜移默化的方式对接学生需求,将大而广的思政理念化入小而微的具体生活,从而消除学生与主流意识形态之间的隔阂,促进理论认同、政治认同、情感认同、思想认同在学生心中扎根,实现实践思政在校园内的落地。

(二)学校教育为实践思政提供理论支持

人的素质全面提升建立在实践基础之上,脱离了实践与经验,人的全面发展便成了无源之水。目前学校教育主要以书本理论知识作为支撑,虽然是间接经验,但根源于直接经验,即来源于实践。实践活动与人的全面发展进程一致,在具体实践中,个人的理论知识得以深化,能力得以提升,身心得以锻炼,个人的能力、个性得到相应发展,社会关系也随之丰富。马克思通过分析人实现全面发展的客观规律,主张从青少年时期开始培养具备综合素质的全方位人才,提出学校教育不能脱离实践,必须与社会劳动全方位结合,与人的自身成长规律相结合,如此才能实现人的全面发展。

教育家苏霍姆林斯基曾经说过:"课堂是一个人感到追求成为思想家的第一个摇篮。"课堂是开展教育教学的主要平台,思政教育同样依托于课堂渠道。学校教育旨在塑造学生正确的价值观,马克思主义认为,经济基础决定上层建筑,人们的思想观念总是受到特定的生产关系和生产力的制约。由于社会的发展与进步,学校教育已经成为人们文明进步的必经之路,甚至在一定程度上代表着一个国家的文明水平。学校教育的重点在于培养和提高学生的综合素质水平,具体包含了人的专业能力和素质涵养两个大的方面,培育和践行社会主义核心价值观是学校教育的重中之重。

学校教育是开展实践思政的重要场域,为实践思政的革新、推进提供了智力支持。学校教育依托立体化的教学体系,采用与学生实际生活密切相关的教育教学方法,突出学校教育的针对性、亲和力和渗透力,通过向学生传授广博而专精的科学知识达到立德树人的目的。

(三)实践思政为学校教育带来育人模式新变化

在实践思政教育教学中,课堂教学模式是丰富的,基本可分为理论课堂与成就课堂。实践思政理论课堂,采取学生与教师角色互换的形式,学生成为课堂教学的主讲人,通过师生共同参与,达到探求新知、共享成果的效果。实践思政理论课堂有两种基本的呈现形式:一是学生代表作主题发言,二是学生通过小组讨论表达自己的观点。实践思政理论课堂消减了物理距离,实现了师生无距离无障碍沟通,使学生在课程中真正吃透理论知识。实践思政成就课堂的体现形式为表彰。它以实践教学报告会和报告展为平台,树立先进典型,充分发挥先进典型的示范引领作用,展示课程成果,总结评估,鼓励表彰。通过荣誉表彰的形式可以直接、有效地检验高校思想政治教育实践教学的实际效果。实践证明,颁发证书、通报表扬、塑造并宣传师生榜样模范等荣誉表彰形式,有效增强了师生对实践思政建设的认同,更好地增进了学生日常思政教育与实践思政的契合程度,提升了思政教育的魅力,深化了思政课程建设。同时,师生可以在比较中更好地学习,在反思中成长,在竞争中学习。通过自我反思增强自身实力,增强荣誉感和获得感,实现真学、真信、真懂,进而把思政理论升华成自己的理想信念。

新媒体给生活模式带来天翻地覆变化的同时,使思政教育面临前所未有的困扰。习近平总书记极其重视新媒体网络环境下的意识形态斗争,他指出:“在互联网这个战场上,我们能否顶得住、打得赢,直接关系我国意识形态安全和政权安全①。”为实现意识形态教育和思政教育无缝相连,势必要求优化网络教育空间,加强网络意识形态教育,突出思政教育的时效性。实践思政是互联网时代传统思想政治教育工作优势与信息技术积极融合的产物,也是中国大学生思政教育因势而变的突出代表。实践思政充分利用新媒体网络系统,集中各个领域、各个平台的教育资源,与学生构建网络化的实践教育体系,为学生开展网络化的实践活动。实践思政要求教育者利用新媒体时代日新月异的信息技术,利用科技进步的推动力创设多种教学情境,切入、渗透、灌输意识形态思维,从感官层面协助学生价值观念养成,促进教师与学生之间的互动、沟通,实现信息共享、资源融合。实践思政既可以提升课堂的在线教育水平,丰富学习过程,又可以让学生适应各种情境,强化学生的实践能力和学习能力。

二、社会课堂中的实践思政

作为即将步入社会的大学生,有极为迫切的提升实践能力的客观需求。实践思政恰恰

---

① 中共中央宣传部.习近平新时代中国特色社会主义思想三十讲[M].北京:学习出版社,2018:220.

可以通过社团、大学生暑期实践以及创业营等形式正确引导教育对象关注社会生活,积极投入社会实践,把从校内获得的理论知识融于实践中,用于指导和检验理论学习,从而使自身的理论实践水平上升到一个新的层次,从而实现社会价值,获得社会需要的满足。

实践思政致力于在实践中潜移默化地提升学生的感性认知,强化"合理价值"输出,满足受教育者的精神需求和价值追求。简言之,实践是个体与社会发生社会关系的必要途径。社会教育中的实践思政体现在"第二课堂",即社会课堂。新中国成立之后,中国的高等教育迎来了天翻地覆的变化;改革开放之后,中国的高等教育进入新的高速发展阶段;新时代以来,中国的高等教育站到了新的历史关口,高等学校的质量与数量同步发展,大学生群体日益庞大。与此同时,学校、社会以及家庭对大学生的认知与定位也不断调整变化。这种情况下,多样化的教育场域不断涌现,社会课堂即"第二课堂"的地位日益突出。

(一)社会教育中实践思政的表现形式

当前,依旧存在将实践思政与社会实践混淆的情况。许多研究者从教育教学的场域和方式出发,坚持认为思想政治理论课实践就是社会实践的一部分,一切的校外实践都可以归为社会实践,甚至认为实践思政只是思政课实践的变种。上述观点无疑混淆了实践教育的本质属性,也模糊了实践思政与社会实践的区别与联系。

实践思政是以社会实践活动为主实施的与思政课程、课程思政同向同行,落实"立德树人"根本任务的一种教育形式。实践思政与社会实践的育人目标无疑是一致的,都是引导大学生综合运用所领悟的理论知识沟通国情、民情、社情,完成思想升华。社会实践的涉及范围、考察对象、调研内容相较于实践思政无疑更为宽泛,因为社会实践并不是因循思政理论课课程目标,考察内容也并不要求与思政教学内容相契合,即与思想政治理论课的联系并不紧密。

实践思政的建设目标是在党的教育方针指引下将思政教育建设得有理论深度、实践力度和情感温度,把思政"小课堂"同社会"大课堂"结合起来,采用新颖有趣的教学方法和丰富的教学资源,让学生从课堂走进现实生活,聚力各领域资源,聚焦实践育人。概而言之,一切以大学生为主体开展的旨在帮助受教育者理解、吸收、内化教育者所教授的思政内容的社会实践活动均可统归于社会教育中的实践思政,包括但不限于参观考察、勤工俭学、社区服务、三下乡活动、环境保护、青年志愿者服务、法律咨询以及专业课实践实习等。

总之,实践思政在社会教育中的表现形式决定于其自身的内涵和外延,凡是符合将意识形态信仰体系内化为受教育者自身综合素质体系的社会实践形式均可纳入实践思政范畴。

(二)社会课堂是实践思政的中坚所在

社会课堂的课程模式是在原来教师为主导、学生为主体的基础上进行创新,形成了以教师、学生同为主体的形式,主要是两种形式:一是以学生为主体而展开的实践课堂;二是以教师为主体而运行保障的网络课堂,两者相辅相成。实践思政的社会课堂通过走进社会、走进企业、走入基层的方式,为学生搭建了多元化的思想政治教育平台,充分将学生带入具有实践操作、体验的环境中,与学生共享内外统一的知识和内容,整合学习资源,提高学习效率,促进学生形成更科学的认知,了解劳动教育的内涵与外延。这对提升学生综合素养、提高学生判断解决实际问题的能力、促进发展与就业均大有裨益。

可以说,社会课堂在实践思政中的地位之重要是其他课堂难以比拟的,它是整个实践教学运行的中坚所在,甚至在相当程度上决定了实践思政的前途命运。在实践思政的社会课堂中,师生同为社会课堂的授课主体,这便打破了传统课堂中以教师为主体、以学生为客体的灌输教育多、启发教育少的课堂教学形式,创新为以学生为主体的教学模式。在社会课堂上,由于学生切实具有主体地位,学习的兴趣和积极性是其他课堂难以比拟的。相应地,教育成效往往也是最为突出的。

(三)社会课堂助力实践思政增值提效

马克思主义的最基本原则是理论与实践的统一。思想政治教育的教育效果体现在实践上。社会课堂把思政教育与社会实践相结合,将课堂教学融入社会实践的各个环节,通过社会实践帮助学生建立社会责任感、树立公民意识、丰富生活阅历。

随着社会剧烈变革,各种网络信息泥沙俱下,各种思潮与文化此起彼伏,客观环境的变化直接改变了学生认识世界的方式。实践思政为学生创造机会和平台,让他们以社会人的身份参与到社会生活中,通过全流程社会实践,体会到个体与集体、个人与社会的异同,感受集体的力量、团队协作的意义,感受社会和集体的重要作用,学会感恩,提升社会责任意识。同时,社会实践活动具有复杂性、多样性,可以使学生独立思考和解决问题,进而建立理性思维模式,跨越了单纯的校内教育、填鸭式教育。大学生通过自身的社会实践,有了切身的经历和体会,进而能够认识真实的社会,对社会生活有更加深入的理解。

实践思政根植于丰富多样的实践活动。在高校思政教育中,可以将校园内的实践活动和校园外的实践活动相结合,采用案例教学、专题调研、分小组展示等形式,适应学生多元化价值的需求,增强学生认同感、尊重感、归属感。将学校内的社团活动、比赛竞赛、文体活动等校内实践,与乡村振兴调研、"大学生支教团"志愿者实践活动、暑期社会实践调研、红色文化调研等校外社会实践相结合,共同引入实践思政教育工作中,观察社会细微之处,充分调动学生参与实践活动的热情,突出学生的分辨能力、认知能力和动手能力,让社会主义核心价值与理念落实到学生的亲身经历中,提升实践思政的实效性。

另外,还可以利用当地纪念广场、博物馆、革命纪念馆、烈士陵园等场馆,营造具有影响力的实践环境,让学生切身体悟到信仰的价值与力量,消解碎片化"心灵鸡汤"带来的负面效果,破解以往实践与理论"两张皮"的困局,实现思政育人工作由理论到落地,推动思政教育内涵式发展。

三、家庭教育中的实践思政

一般而言,完整的教育系统主要由学校教育、社会教育和家庭教育三个既相互独立又紧密联系的子系统构成。三者的出发点与落脚点无疑是一致的,在教育方法和途径上也存在相互借鉴。它们定位不同,所发挥的功能与作用也不尽相同。

在教育体系中,作为初始教育、教育之源的家庭教育不可或缺。习近平总书记指出:"家庭是人生的第一个课堂,父母是孩子的第一任老师。孩子们从牙牙学语起就开始接受家教,有什么样的家教,就有什么样的人。家庭教育涉及很多方面,但最重要的是品德教育,是如何做人的教育。也就是古人说的'爱子,教之以义方,爱之不以道,适所以害之也'。"总之,家庭教育的重要性是其他教育形式难以取代的。作为一项系统性工程,开展实践思政同样离不开家庭教育的鼎力支持。

(一)家庭中实践思政的表现形式

就构建实践思政协同育人教育体系而言,家庭教育无疑和学校教育、社会教育处于同等重要地位,是破解传统"单兵作战"育人模式,寻求教育衔接的重要一环。

大学生的家庭教育必然迥异于中小学家庭教育。以往家庭教育中普遍使用的学业辅导、兴趣班必然随着受教育者迈入大学自然而然终止。即使受教育者迈入大学后、独立进入社会前,依旧有相当长的时段寄托于家庭,所以家长的榜样作用、引导作用显而易见。家庭教育更多作为一种隐性教育力量发挥作用,家庭教育中的实践思政同样要依托亲缘和情感。此时,家长的家庭角色要由之前的哺育者、教育者转变为实践思政所提倡的引导者,双方同为教育的主体。通过学校—家庭双向沟通机制,遵循实践中挖掘育人元素的原则,因事施教、因家施教。可以以家庭为单位参观红色遗址、革命烈士博物馆、烈士陵园,观看红色歌剧、红色电影,共同开展志愿服务,有条件的可以返回农村老家亲历农耕生活,进行劳动教育等。

家长联合会制度在义务教育阶段发挥了举足轻重的作用。围绕大学生开设的实践思政依旧可以借助于此。大学生来自五湖四海,相应地,原先以班级为单位依托于本地域而设置的家长联合会也应因势利导做出改变。大学生家长联合会顺应新媒体时代潮流改革,依托于客户端聊天群、网络会议等即时通信形式参与学校教育。家长对于社会教育和学校教育中的实践思政形式享有知情权、监督权和参与权,由此可深度了解并参与实践思政教育教学管理活动。同时,大学生家长联合会可根据内部成员情况,围绕四史教育、劳动教育、志愿服务等,有选择地动用和实践思政密切相关的各种资源。此举既可以最大限度为学生丰富实践思政教育教学途径,又整合了实践思政育人资源,更深层次强化了实践思政对家庭教育、学校教育和社会教育三位一体教育模式的有效衔接。

(二)家庭教育在思政教育中发挥着举足轻重的作用

家庭是一个人的第一课堂,家庭教育主要指的是个人在家庭生活和家庭实践中所接受的教育。父母在日常生活中的有意或无意的言行举止,以家庭为单位开展的社会实践活动等,都会对孩子成长成才产生难以估量的影响。毫无疑问,家庭教育环境是塑造孩子个性的最重要环境之一。家庭教育是最初始和最基础的教育,优良的家风、家教至关重要,常言道"孩子是父母的影子,有什么样的父母,就有什么样的孩子",家庭教育是孩子成长、成才的重要力量。习近平总书记指出:"广大家庭都要重言传、重身教,教知识、育品德,身体力行、耳濡目染,帮助孩子扣好人生的第一粒扣子,迈好人生的第一个台阶。"家庭教育是德育的发源地,优秀的家风为孩子的成长提供了强大的心理动力。

随着子女步入校园,学校教育与家庭教育产生联系。可以这样讲,一个人早期思想政治教育实践是家庭与学校的合力教育。随着学生受教育程度的逐渐提高,孩子的经历不断增加,心智也逐渐成熟,逐渐形成自己的意识。尤其在上大学之后,家庭教育逐渐退出,但是从小潜移默化的家庭传承和家庭教育却刻在脑海中。家是最小的国,家庭的幸福美满是个人福祉、社会进步和国家发展的重要基础。

家庭教育属于启蒙教育,地位至关重要,但随着孩子的成长,尤其是上了大学之后,家庭教育在思想政治教育中逐渐失去了主导地位。初、高中时期是孩子的成长叛逆期。这一阶段,家庭教育的作用尤为明显且强烈。在中考、高考时期,父母付出了极大的心血。此时,家长的作用最为突出。高考的结束、顺利升学、孩子的成年,所有父母均希望孩子成才、独当一面,希望孩子具有独立性和责任感。父母会主动退出在教育中的关键地位,给予孩子相应的自主权。至此,家庭教育的作用逐渐在孩子的成长过程中淡化,大学教育随之补位,并逐渐增强。

(三)实践思政是家庭教育与思政教育的黏合剂

在任何教育形式中,单方教育是不够的,必须要和其他教育结合。家庭教育与高校思想政治教育相结合,形成多途径、多渠道的力量,互相进行补岗,塑造并提升学生的三观和道德素养。

实践思政注重家校合作。现在信息技术发达,家长和学生沟通渠道的构建日趋完善。学校鼓励引导学生多与自己的父母、家人交流,分享校园学习生活情况。高校辅导员也需要多联系学生家长,可以通过打电话、家访等形式与学生家长交流,建立一个沟通交流的渠道,了解学生,告知家长学生在学校学习生活情况。

实践思政注重师生沟通。大学生的居住生活从家庭转移到大学,辅导员是大学生的第一负责人。高校辅导员应该认真、负责,密切联系学生,了解学生的动态,与学生和家长多沟通、多交流,为学校教育提供明确的方向和对策,为家庭教育提供准确的信息。家庭教育与学校教育相结合是大学生思想政治教育的关键。

总而言之,学校教育、家庭教育、社会教育三者之间存在大量交叉地带的同时依旧保有各自职责边界,以及由此带来了某些不协调现象。实践思政为三者的有效衔接提供了解决途径。在实践思政中,学校教育的"第一课堂"是实践思政的基础,属于实践思政中的理论教学阶段,在"第一课堂"中,主要形式是教师讲授,"思政课程"和"课程思政"需要激发学生参与实践思政的积极性和自觉性,帮助学生明确课程目标、课程内容、课程实施等。"第二课堂"是社会实践,把理论知识融入现实生活中,锻炼并提升学生各方面的能力。同时,通过丰富的课堂教学内容,有趣新颖的教学方式,提供相关的学习资料和学习平台,系统地指导学生学习思政理论;通过已经进行的理论研究和知识积累,切实地指导学生进行社会实践,理解思政内涵;在思政内涵的理解上,塑造学生的思政价值观,使学生在"学"中提高理论知识,在"行"中内化理论素养。实践思政构建起线上、线下、校园、社会于一体的多元化教育体系。这样环环互动、共融共促的育人路径,调动、激发学生学习的主动性和趣味性,最大限度发挥了思政教育的育人功效。

第三节　实践思政开创思政育人新局面

实践思政是打造新时代"大思政课"的重要步骤与必不可少的组成部分。实践思政理念下的"大思政课"教学,尤为突出理论性和实践性相统一的教育规律。通过探究实践过程中的思政元素,达成创新育人新模式、构建思政育人大格局的效果,将课堂理论教学与课外实践教育进行有效结合,彰显学生在思政教育活动中的主体性,增加大学生思政教学与研究的宽度和厚度。这是推动思政课程、课程思政同频共振、同向同行,开创大学生思政教育事业新局面的必要环节。

一、实践思政推动思政教育模式创新

随着实践思政的开展,师生同为课堂主体,即搭建"双主体"架构的教育模式,学生由单纯的理论知识的接受者变为思政思想的学习主体。学生主体身份的明确,极大地提高了教学质量,促进了实践思政的成果转化,势必对学生的成长发展产生积极有效的影响。

(一)突出学生主体地位

作为教育者的施教对象,受教育者必然会在实践思政的过程中接受来自教育者的影响和作用,受教育者作为客体,会在教育者的潜移默化中逐步成熟,但作为主体,受教育者也发挥其能动性特点,这是实践思政的关键。具体表现为,受教育者在接受和转化实践思政的教育内容时的主动性和选择性。由于受教育者的家庭背景不同、成长经历不同、经验阅历不同,所以他们会结合自身情况有选择地接收信息。通常他们会选择符合个人意图和目的且喜闻乐见的内容,这就要求教育主体在设计实践思政的环节时要做到因材施教,合理安排实践活动,努力提升学生选择的深度和广度。

此外,受教育者在选择相关教育内容之后会进行自主认知。学生的自主认知是在认识自我需求的基础上进行的。作为能动的主体,学生能够认识到实践思政对自身的意义,能动地认知自我与世界、自我与社会之间的关系,积极地汲取对自身发展有益的因素,从而有效促进教育目标的实现。最后也是实践思政的关键,受教育主体实现教育反哺,成为具有创造性的新的教育者,这是实践思政的终极目标。学生能够遇到问题,积极分析问题,主动解决问题,善于独立思考,提升个人素养,发展潜能,并成为新的教育者,在思政教育中构建新的教育关系。

实践思政所倡导的自主学习不仅需要强调学生的主体地位,更需要学生在彰显主体地位的基础上发挥主观能动性。倘若学生不具备学习的主动性和积极性,而是处于被动获取知识的阶段,势必难以形成新的学习模式。实践思政中的思政思想是实践与理论高度结合的产物,需要各方合力激发学生自主学习的潜能。伴随着社会生活节奏变快,大学生普遍思维活跃,情感丰富,但时常表现出不稳定的特质。因此,实践思政要联系当代大学生的人格特征,塑造他们的思想品质,把大学生的主体特征与思政教育的教学内容联系起来,增强他们对马克思主义的认同感。因此,在实践思政中构建学生自主学习模式,必须把学生的主体

地位放在首要位置。

经过义务教育阶段的强化培养,绝大多数学生掌握了自主学习的技能。作为具有成熟个性和人格的社会个体,在学习活动中理性开展自主学习,对于大学生而言可谓轻而易举。伴随着大学生道德水平的提升,其政治素养也在同步提升。开展有针对性、渗透性的思政教育无疑可以帮助他们解决困惑,成为他们开展社会实践的不竭内在动力。

实践思政通过制定科学合理的规划,注重学生学习兴趣的培育。大学时期是学生自主学习的最佳时期。大学生高尚的道德人格与坚定的政治信仰不是一蹴而就形成的,而是一个循环往复、不断磨砺的过程。只有承认并尊重个性主体,才能激发主体意识的觉醒与发展,现代社会对于个体生存环境的重视即是明证。自主学习能力是个体主动性的重要表现,它能够促使个人发展,提升实践思政的教学效果。实践思政正是以大学生个体的存在和发展为根本出发点和归宿,注重提升个体道德修养的体系。

受教育主体之所以是实践思政的关键,是由于实践思政改变了传统思政教育的思维模式。传统思政模式通常把受教育主体当作"物",他们只能单方面且被动地接收信息。实践思政的意义在于为教育主体和受教育主体构建起桥梁,教育模式和手段不再是工具性的体现。教育主体是有温度和有深度的引导者,受教育主体则是活生生的有能动性的,两者彼此和谐共生。教育主体全程指引受教育主体理解、认同、内化理论知识,从而转化为受教育者生产、生活中的行为方式,又经过重复行为养成生活、生产习惯,再通过这种行为习惯以正能量辐射影响他人,实现教育反哺,如此,实践思政才有意义。

(二)彰显教师主导地位

亲其师,方能信其道。在思政教育教学中,教师的地位举足轻重。思政课教师任务艰巨,承担着向青年学生阐释党和国家的奋斗目标、帮助青年学生理解党的路线方针、指导青年学生坚定践行社会主义行动纲领的重任。教师是实践思政教育教学过程中的关键一环,也是决定和制约实践思政课程建设的关键因素。大力提倡学生自主学习并不意味着教师地位的削弱,教师主导与学生主体理应是辩证统一的关系。

实践思政重视彰显教师主导地位,对教师提出一系列新要求。作为具备扎实理论知识和综合素养的思政教师要按照习近平总书记提出的"政治要强、情怀要深、思维要新、视野要广、自律要严、人格要正"的"六要"标准严格要求自己。

1. 实践思政教师政治要强、情怀要深

敢于旗帜鲜明讲政治,心中始终装着国家与民族,推动思政理论走心入脑。教师要努力提高自身专业素养,特别是马列主义理论知识,信仰上、思想上、行动上与党中央保持高度一致。补足"精神之钙",坚定政治立场与方向是思政教师站稳讲台的内在要求。

在思政教育改革中,注重教育形式的创新固然重要,但"以理服人"的教学基础必不能丢。实践思政要牢牢把握"内容为王"这一教学真理,在增强科学理论的解释力、说服力与针对性上下功夫。实践思政教师要做到对学生学习规律了然于胸,以学生心中"思政专家"的身份与学生交流。教师要向学生讲清楚实践的价值取向是什么、实践的方式方法有哪些、实践的价值内核在哪里,让学生搞清楚、弄明白马克思主义的真理性。马克思主义的彻底性是

经得起社会实践检验的,教师要引导学生通过实际运用马克思主义的思想要义、价值取向、基本原理解释历史与现实,指导社会实践,用实际行动做思想政治理论的传播者。

2. 实践思政教师思维要新、视野要广

坚持求新求变,革新教学方法,精心设计和组织实践教学,培育学生的实践思维。以授课老师的"教"为核心进行施教是传统课堂模式的突出特点,这种模式难免存在片面强调理论知识传递的弊端。实践思政理念下的教学模式在实现理论灌输的基础上,格外重视学生对理论知识的运用与主动学习能力的培养。教师应改进考察、考核形式,采纳过程考核、课堂展示、分小组讨论、理论知识考察等形式多样的评测手段。在这个过程中,学生积极参与教育教学互动、双主体架构开展问题研讨,双方共同营造良好的教学氛围。在实践思政教育教学过程中,教师因地制宜,根据学生的具体情况合理安排学习任务,落实学习计划。实践思政需要教师整体掌握课堂节奏,推动学习进度。教师的主导作用还体现在协助学生培养自主学习意识,由课堂理论讲授转向学生日常学习,由面对面指导学习转向预设指导,通过阐明学习目标、任务与方法,增强学生的写作能力、使用网络和查找信息的能力。

3. 实践思政教师自律要严、人格要正

坚持言传身教相统一、教书育人相统一,坚持问道与传道相统一,对国家、对社会负责,起到模范作用。耐得住寂寞,守得住底线,经得住诱惑。教师在阐释好科学理论、加强和改善教学表达方式的同时,必须弄清楚、搞明白大学生群体所关注的问题。受教育者的学习兴趣、对待社会和人生的态度以及自我认知在很大程度上决定了学习活动的成功与否。在实践思政教育教学过程中,教师要有意识地引导学生的学习动机,注意提升学生学习信心,构建和谐的师生关系。教师要善于在日常交流中发现学生的进步,并对这种进步给予肯定和赞扬,让学生感到自己的努力没有白费,从而以更大的热情投入学习。教师还应主动寻觅学生身上的亮点,以春风化雨的形式引导学生接受教学内容,最终内化为学生的自我行动。

(三)与思政课程、课程思政同向同行

邓小平曾指出:"工作上出现问题,往往不是哪一个人不合格或者犯了错,而是因为合作不好,形成了几套马车。"殷鉴不远,实践思政必须与其他课程树立共同体思维,统筹分派工作,这是打造育人共同体的内在要求。否则,思政教育将不可避免地出现各类课程互相冲突和抵消的现象,这无疑会严重妨碍实现立德树人总目标。

打造实践思政与思政课程、课程思政同向同行的协同育人体系,既是做好立德树人工作的应有之意,也是新时代构建思政育人"大思政"的必然要求。实践思政与课程思政、思政课程在"大思政"格局下可谓多位一体、相得益彰。实践思政理念下的"大思政",尤为突出理论性和实践性相统一的教育规律,通过探究实践过程中的思政元素,达成创新育人新模式、构建思政育人大格局的效果,将课堂理论教学与课外实践教育进行有效结合,彰显学生在思政教育活动中的主体性,增加了大学生思政教学与研究的宽度和厚度,是推动思政课程、课程思政同频共振、同向同行,开创大学生思政教育事业新局面的必要环节。

(1)在提升教师育人观念上同向同行。教师队伍是思政育人教育中的主体。他们是课

程的组织者、建设者,更是管理人。打造协同育人格局,促进实践思政与思政课程、课程思政同向同行,首要的是协同教师群体的价值观念,塑造教师群体的责任意识、政治意识和思政育人意识,确保学生在课程中接受正确的三观教育。课程思政需要把思政教育落实到各个学科、各门课程中,传授专业知识的同时对学生进行价值引领,使教师人人讲育人、课程科科有思政。

实践思政同样需要各专业教师共同参与。实践思政中,教师处于主导地位,教育系统的发展方向、路径选择多数情况下由其把控。实践思政教师与课程思政教师、思政课程教师三方要通过加强互动,共享学生的思想资源、教学方式方法等,进一步强化思政教育共同体的组织功能,不断推动思政教育大系统的共建共享共用,发挥集聚效应。三方要实施育人共同体建设规划,制定并强化实践思政与其他课程教师的协作机制,互通有无,形成教师合力育人的长效机制,彻底释放全学科全程育人效应,以最小能量获得最大收益。

(2)在育人方法上同向同行。不论是课程思政还是思政课程,要实现育人成效"看得见、摸得着"必须依靠实践载体来落地。思政课程和课程思政运行过程中,切忌硬性灌输,仅向学生提供生硬的结论。推动教学方法创新恰恰是实践思政的显性优势之一。实践思政采取由浅入深、由表入里、由近及远的教学方法,在扎实的社会实践调研基础上,洞察社会变迁,体悟历史大势,将家国情怀自然而然地渗入教育教学的全过程,用生动的实践活动向学生阐释中国共产党为什么能、中国特色社会主义为什么好、马克思主义为什么行。

当然,实现三者在育人方法上同向同行、交融共生的前提是必须尊重课程思政与思政课程和实践思政的差异性。但无论是实践思政还是思政课程与课程思政,均是向受教育者灌输社会主义核心价值观的重要路径,担负着价值引领的责任。要最大限度地消除不同育人模式之间的隔阂、距离,创新同向同行的育人方法必不可少。既要深入挖掘、大力推广课程思政的价值理念,也要与时俱进,按照以学生为主体、教师为主导的育人理念采取多种教学方法,涉及课堂展示、作业评价、师生谈话、具体实践活动、志愿服务等。在承认共同价值内核的基础之上,加大教学实践"请进来"的力度,加快社会实践"走出去"的步伐。

总之,要跳出传统育人模式的视野,置身于中国特色社会主义的伟大实践领域内,为大学生提供全方位、立体化的思政滋养。将实践思政的育人方法转化为课程思政和思政课程可借鉴的素材,提高三者同频共振质量。

二、实践思政增强教育教学实效

(一)提升大学生马克思主义理论水平

"中国共产党为什么能,中国特色社会主义为什么好,归根到底是因为马克思主义行![①]"近代中国的百余年实践雄辩地证明,马克思主义是科学理论,为中国人民的政治生活、社会生活提供行动指南,筑牢信心、决心、同心的理论基底。一个国家、一个政党、一个人,只有寻觅到、拥有了坚定且科学的理论,才能达成精神上的主动与自信。因此,思政教育

---

① 习近平. 在庆祝中国共产党成立100周年大会上的讲话[N]. 人民日报,2021-7-2(1).

必须高度重视马克思主义理论走心入脑,坚持以马克思主义理论指导学生攻坚克难。

实践思政强调理论教学与实践教学互为表里,协调统一,注重发挥理论知识的引领作用与实践课堂的落地作用。实践思政理论课堂重视用马克思主义理论武装学生头脑,要让理论知识贴近他们的生活实际,做到可感可触,如此才能可信。

实践思政理论课与思想政治理论课一脉相承,旨在引导大学生掌握马克思主义理论,坚定政治立场,树立社会主义信仰。信仰与实践息息相关,一个理论或概念若要成为人们的信仰,取决于人们是否在实践它,并不取决于它是否用人们的语言表达出来[①]。信仰的确立不仅要接受相关的理论知识,而且要在实践中践行。

通过实践思政理论教学与实践教学互相配合,确保大学生在掌握马克思主义认识世界、评判世界的基本立场与观点的基础上,对照现实实践活动,解决出现的政治思想、观点及行为问题,提高辨别能力。

长期以来,大学生思政教育过分注意学校和课堂教育的程序化、规范化,反而忽视了社会实践活动对大学生思想的影响。实践思政将教学内容延伸到校外和课外,既沟通了学生课内外教育,也沟通了学校小课堂和社会大课堂教育。

在实践思政教育教学中,学术性、政治性和现实性三者合而为一。教师负责将相关知识引入课堂,突出实践思政教育教学的实效性与现实性;学生通过参与社会实践,直接感悟实践活动中的思政元素,加深对马克思主义基本理论的理解,加深对抽象理论、概念、原理的认识,更方便地理解教学内容。在这一过程中,学生认识客观世界的能力也得到锻炼,其理论素养也得到相应提升。

(二)尊重学生个性,激发学生创新意识

实践思政对人的个性有着举足轻重的影响,是个性发展的重要途径。实践思政对个性发展起着导向作用。实践思政是思想政治教育与学生个体实践参与、认知相互作用的过程,其终极目标是促进学生的个性发展,所以在设定一系列实践环节的过程中要尊重学生,重视培养和挖掘学生个性的良好发展,发挥好学生的主体性。

(1)尊重学生的个性发展是实践思政的基本理念。实践思政的一个本质特点就是通过实践环节培养学生个体良好的社会生活习惯,这就决定了学生的个性发展是实践思政的逻辑出发点和落脚点。因此,尊重学生的个体真实体验、了解学生的个性特点、掌握学生个性发展动态、满足学生个性发展诉求、鼓励学生个体按照自己的意愿和判断进行选择是实践思政的基本理念。在激烈的市场竞争中,良好的个性表现为学生的独立性、开拓性、进取性和坚定性。

(2)挖掘个体的个性潜质是实践思政的必然路径。大量研究表明,人的潜能只开发了很少的一部分,大部分的潜能还处于沉睡的状态。基于此,最大限度地挖掘潜能,帮助学生完善自我是实践思政的必然路径。如何实现这一路径,需要充分发挥受教育者的主体性,改变传统的被动模式,构建双向互动式的平等思想政治教育,让受教育主体迸发强烈的自我实现

①　马克思恩格斯选集:第1卷[M].北京:人民出版社,1972.

诉求。教育主体引导受教育主体开发主体能力,培育主体素养,挖掘主体潜能,完善主体人格,增强学生重视自己未来发展的观念,实践思政立足创造和扩大人的自主发展空间,借此培养良好的主体个性。

(3)培养具有良好个性发展的个体是实践思政的核心目标。实践思政的目的是培养个性良好发展的大学生。从一般意义上讲,人的"类特征""社会特征"和"个人特征"都在个人那里得到全面而自由的发展。为了促进实践思政核心目标的实现,个性化教育的手段是实践思政需要采纳的途径,根据学生思想形成、发展、变化的不同特点和复杂多样的呈现形式,运用不同的教育方式和方法,尊重个体的差异性,并在差异性中把握一般性规律,因材施教,以达到良好的实践思政教育教学效果。

(4)培育学生创新精神是实践思政的重要任务。教师不仅要教授理论知识,还要尊重学生的个性发展,想方设法激发学生创新意识。学校要鼓励学生意识到每个人都是作为独特的个体而存在的,有针对性地培养他们成为具备独立行动能力和思维能力的新时代大学生。要实现上述目的,归根结底要在施教中有意识地培养、塑造学生的动手能力与突破意识。在相对宽松的学习环境中,通过形式多样的实践教学,落实德育实践工作,整合道德教育资源,启迪学生敞开心扉,引导学生独立学习、独立思考、独立发现,进而激发学生的创新意识。在思政教育教学中,大学生学习抬头率低、回答率低、参与率低成为常态。实践思政要注意从教学内容、教学方法等方面着手,将抽象的理论知识结合丰富多彩的社会生活,尽可能地整合各种教育资源,采用多元化的教学形式、灵活的教学手段,调动学生学习的积极性,引导学生思索问题、讨论和解决问题。

"一种新思想、新观念、新理论只有应用于实践才有现实意义。[①]"实践思政是大学生在掌握一定程度的理论知识后重新了解社会的重要途径。理论知识一经掌握,只有落实到实践活动中,被运用于解决现实问题,才能真正为大学生所用。由此而论,实践思政将是激发大学生创新精神的重要举措。

(三)培养学生的问题意识

问题意识即敢于合理地怀疑一切,问题意识能够激发学生的创造力,实践思政有利于开发学生在问题意识方面的内在潜能。"提高学生群体的问题意识,应该考虑两个方面的内容:一是关注学生的心理特点,二是关注学生思维的形成和发展阶段。"社会转型大背景下,新问题、新挑战层出不穷。通过实践思政教育教学,联系社会实际问题、热点难点焦点问题,引导学生进行思考,有助于激发学生观察分析问题能力。在实践思政教学过程中,学生发现并提出问题将是常态;教师也可以帮助学生锤炼发现问题的方法和技巧,引导学生自己提出并解决问题。

实践思政坚持以问题意识引导学生,让学生实事求是地直面问题。一方面,大学生充满好奇心,对世界的发展变化有着极大的兴趣,喜欢思考,乐于发表自己的看法。实践思政的核心在于尊重学生、理解学生、激励学生,引导学生结合社会调研实际情况参与讨论、辩论,

---

① 孙敬全,孙柳燕.创新意识[M].上海:上海科学技术出版社,2010.

甚至争论,为学生提出与表达观点提供窗口和渠道。另一方面,实践思政实施的过程正是教师与学生队伍集体调研、共同探讨的过程。实践思政由此也为教师提供了一条直接接触学生所思、所想、所盼、所求的渠道,让教师可以直面学生的学习困惑,对于个别具有"问题意识"或极端问题的学生,教师以"一把钥匙开一把锁"的精神,围绕问题进行针对性极强的"滴灌",以思想政治理论和事实为依据靶向讲解学生的问题。

学生只是发现和提出问题是远远不够的,要解决问题还需认真调查研究,进行综合分析研判。培养学生剖析问题的过程,也是引导学生综合运用科学原理辨别是非的过程。问题意识的培养需要师生之间的有效互动,这种互动必须是一个持续的、动态的、互动的交流过程,避免陷入"你问我答"传统教学模式的窠臼。实践思政要求教师运用多种教学策略来激励学生,使"听"和"说"成为学生必备的课堂技能,学生要积极思考和参与讨论,在互相尊重的语境中,协力建设和谐的师生关系。双方围绕思想认识上的不同问题,相互理解、批判、反驳、论证,最终达成共识。这既是对教学资源的挖掘,又可以有效保证教学质量。这个过程充分展示了教师的教学智慧,学生的问题意识也在这一过程中得以增长,可谓是相得益彰。

三、实践思政落实立德树人根本任务

大学生的人生才刚刚起步,在全面发展的过程中,必然会遇到挫折和困难。实践思政运用马克思主义思想,给予大学生勇往直前、积极探索、挑战自我、不断开发自身潜能的精神引导和磨炼。

(一)引导学生树立正确价值观念

实践出真知,培养良好的品德,锻炼人的心智。作为将思想认识转化为自身素质的重要"转换器",实践能有效帮助大学生践行社会主义核心价值观,实现知与行的高度统一。实践思政以践行社会主义核心价值观为依据,链接课内外教学,在实践中强化核心观念的转化,让大学生有所感知、有所认同,进而内化为全体学生的共识。

实践思政从校内校外、课上课下挖掘价值引领元素,可以培养大学生健全的人格,磨炼其坚强的意志,进而满足他们在意志追求、心理素质、人格培养等方面的精神需要。这将有力促进受教育主体进入社会后实现自我人生价值,获得精神愉悦的满足感。

实践思政课实践内容的设计应主要围绕以下主题展开:一是学习优秀传统文化。教师带领学生挖掘中国优秀传统文化的思政元素,感受中国传统优秀文化的价值意蕴、家国情怀,更新学生对中国优秀传统文化的认识,丰富思政教育内涵。二是学习红色文化。众所周知,中国共产党带领中国人民在革命、建设和改革过程中孕育了红色文化,凝聚了崇高的价值理念,这是开展思政教育的有效载体和资源宝库。三是接触社会公益事业。公益文化是一种特有的文化形态,彰显了人类社会的文明与进步。积极开展公益文化实践,可以激励学生的文化自觉性,培养文化创造力。四是体验改革创新文化,感悟改革开放以来的伟大成就。改革开放 40 余年的历程,也是中国共产党探索、培育和践行社会主义核心价值观的历程。体验改革创新文化是引导大学生把握时代脉搏的正确途径,大学生只有深入观察改革开放 40 多年来中国经济、社会、文化发展的翻天巨变,体验中国走向世界、锐意进取、积极探

索的奋斗历程,方能深刻感受改革实践的磅礴伟力。

第一,设立并采纳一系列规范化的教育仪式。习近平总书记指出:"要建立和规范一些礼仪制度,组织开展形式多样的纪念庆典活动,传播主流价值,增强人们的认同感和归属感。①"实践证明,这是实现德育教育的一种行之有效的手段,旨在借助现场氛围营造凝聚集体意识,树立共同价值追求,激发情感共鸣。实践思政要善于运用各种规范化教育仪式,给大学生营造一个陶冶人心的校园文化环境,提供一条升华价值观念的提升路径。

在社会活动层面,依托当地纪念广场、博物馆、革命纪念馆、烈士陵园等文化场馆,在重大历史事件节点、名人生辰纪念日、革命纪念日等,有针对性地组织学生积极参加纪念仪式活动,激发学生的使命担当,增强民族凝聚力。在礼仪规范方面,应建立常态化机制,按照现代文明的要求,通过传承传统习俗、社交礼仪、民族服饰和规范文明语言,建立和完善包括网络空间在内的公共场所礼仪、礼貌规范,彰显中国传统礼仪文化的时代价值。

第二,在特定情境中去感悟社会主义核心价值观。一般来说,一个人对事物的认知总是与相应的情境相关联的。在情境体验中,不仅可以加深对客观事物的认识和理解,而且可以起到升华内心情感的作用,引发思想的共鸣,发人深省。因此,情境体验十分适合核心价值观教育,可以有效促进人的个体需要的满足。实践思政通过营造情景交融的社会情境,使大学生对社会主义核心价值观有更真实、更共情的感受。教师在进行具体的教育教学中,可以开展形式多样的精神文明教育活动,协助营造互帮互助、乐于奉献的课堂氛围。此外,有启示意义的文娱活动也在实践思政实施之列。

第三,在社会调查中领会社会主义核心价值观。实践思政不仅是一种教育理念,也是学生深入社会、观察社会转型、体验社会发展的一种途径。实践思政采取社会调查的方式开拓教学渠道,可以充实教学内容,升华实践思政教学的价值意蕴。实践思政通过社会调查的方式丰富了立德树人的内涵:首先,经过一系列社会调查,学生在实践中深化理论知识的掌握程度,了解社会的需求,明确社会责任,实现了理论与实践的对接;其次,学生以第一视角观察中国的变迁,感受改革开放以来在中国共产党领导下中国人民取得的辉煌成就,真正领悟国富民强的现实价值,强化与人民群众的血肉联系;最后,寻觅到个人人生价值的落脚点与归宿,"要在奋斗中摸爬滚打,体察世间冷暖、民众忧乐、现实矛盾,从中找到人生真谛、生命价值、事业方向"②。

(二)提升学生运用理论解决社会实际问题的能力

近年来,由于科技的发展和新媒体的广泛应用,相对单一刻板的课堂教学模式受到极大冲击与挑战。知识途径日益多样化,多途径全时段学习成为可能。与此同时,伴随着学习渠道的增多,学生接触到的社会信息良莠不齐,总体质量难以保障。如何使学生以正确的态度面对、用科学的理论分析,继而活学活用理论去解决社会生活中的实际问题,成为思政教学的一项重要任务。马克思主义作为一种理论,势必需要经历一个学习—领悟—内化的过程。

---

① 习近平. 把培育和弘扬社会主义核心价值观作为凝魂聚气强基固本的基础工程[N]. 人民日报,2014-2-26(1).

② 习近平. 在纪念五四运动100周年大会上的讲话[N]. 人民日报,2019-5-1(1).

这个过程会受到各种外界因素的影响,可能来自政治、经济、文化各个领域,这便决定了这种转化是无法完全在课堂中完成的,而是需要丰富的社会实践经历。在实际教育教学工作中,实践思政可以做到既能帮助学生在实践中加深对理论的认识,又能反向提高学生理论学习的效率和能力。

实践思政能够促进学生开展研究性探索,提高分析和判断具体问题的能力,在增强学生的社会责任感方面具有得天独厚的优势。在实践思政教育教学过程中,传统的教师讲授—学生听讲的模式发生了根本变化,它以适应大学生的思想规律为原则开展现场教学,直接以现实环境为课堂,直面现实困境,聚焦现实问题,引导学生以个体身份独立思考解决方案。

实践思政以思想引导的方法使大学生意识到自己的物质利益诉求,增强其积极性。通过实践行为设计等环节,有意识引导大学生为自己的物质需要目标去争取和奋斗。人除了自然性的物质需求以外,还有意识性的精神需求,相较于物质需求的驱动,精神需求的驱动是人不同于动物而又超越动物的需求。"人的精神需要是在物质需要的基础上得到满足,通过社会实践形成了精神适存需要、精神发展需要、精神完善需要。[①]"在实践思政育人过程中,通过最大限度地满足大学生的精神需求,可以激发受教育主体的自觉和能动行为,使其感受到尊重与归属,以此激发精神活力,促进个体实现自我价值。人是现实中的人,是在具体社会中实践的人,因此除物质和精神需求外,融入社会、维持和推动社会有序发展,是社会性的需要。

(三)提升大学生综合素质

实践思政是高校思想政治工作的重要形式。在实践中进行思想政治教育,立足于人的需要是根本。考量人的需求可以优化实践思政的育人效果。

实践思政对大学生的个性发展起着激励作用。它的激励作用主要在于通过榜样的示范作用,以先进事迹、先进精神为范例,与学生共情,使学生有意识地提高思想觉悟、政治觉悟和道德品质。树立英雄、树立榜样使个性发展具有方向,为良好个性的培养和发展提供精神源泉。

当代大学生广泛利用互联网进行交流和参与社会,往往可以接触到最新的事物。大学生所倾向的是直观且生动形象的教学方式,喜欢通过切身的参与去主动获得知识,而不是被动地接受知识。实践思政正切合了学生的愿望,通过转变教师和学生之间的角色,让学生成为主角,引导学生从实践中吸收养分,培养学生的逻辑思维和主人翁意识。让学生敢于发言,表达自己的观点,那么学生在实践中可以获得比传统课堂更直观的学习体验和更加丰富的社会资料。通过在实践中聚焦尖锐的热点话题,可以加深学生对抽象和晦涩理论的理解,引导学生主动发现问题,全面分析问题,进而亲手解决问题。在亲身经历中感受社会责任,可以提高大学生承担社会责任的意识。

实践思政还要积极考量设置符合大学生成长发展需要的教育内容,可将大学生关注的就业、考研、感情、未来发展等问题有机地纳入实践思政的视野,善于将大学生在日常生活中

①　骆郁廷.精神动力论[M].武汉:武汉大学出版社,2003.

获得的知识信息和自身体验加以理性思考。如此,思想政治教育工作才能深入人心,建立起递进式的实践体系。马克思强调人的需要具有层次性,因此实践思政也要依据教学对象的专业、年级等特点,把握大学生发展需求的层次性,有序、有效地安排实践教育要素。着重关注大学生内心世界的培养,力求完善实践思政教育的层次性和递进性,达到良好的育人效果。

大学生在社会实践中所取得的成果要回归到理论课堂中来,实现从课堂到现场再到理论的飞跃。"思想政治教育的根本目的是提高人们的思想道德素质,促进人的自由全面的发展。"让社会实践活动的成果回到课堂中去,这一教学设计的用意是明确教学任务,为学生营造自主、自发、自觉的学习氛围。在实践思政中,任务驱动下的学生必须主动去研究那些未知的事物,这可以充分活跃他们的思维,促使学生将所学所想整合起来,进而激发学生蕴藏的创新能力。在经验分享环节,学生也能像教师一样进行总结,进一步激发学生积极参与的热情和动力。

实践思政可以加深学生对理论的理解和体会,从而更加熟练地掌握和运用知识来解决实际问题,促进学生积极动脑思考,主动开口表达,亲自动手实践。思想政治教育教学的基本要求是提升大学生的素质,大学生素质的培养主要体现在创新意识和思辨思维上。因此,学生在掌握马克思主义基本理论的基础之上,通过实地调研、校外基地拓展等实践教学,可以提高语言表达能力和分工协作水平,增强责任感与自信心。此外,还可以在思想道德教育中,引入名篇名曲进行研习,并插入经典事例。这样既可以提高学生的学习兴趣,又可以培养学生的文艺鉴赏能力,从而进一步提高学生的综合素质。

大学生合理的物质需求在受到主客观条件的限制暂时无法得到满足时,通过实践思政的精神鼓励可以进行安抚和补偿,从而实现心理平衡。实践思政还可以通过政治教育、思想引领、道德培养来提升受教育主体的政治素养与道德水平,为大学生参与政治生活、经济生活和文化生活做铺垫、打基础。

第四节　坚持实践思政教学改革六项原则

实践思政的教学改革原则贯穿于实践思政教学的全过程,对思政教育教学具体课程的设置、教学内容的组织、教学方法的选择和教师素质的提高具有重要的指导作用。实践思政教学改革原则是结合具体教学目标和教学规律拟定的关于教学工作的基本要求,是对思政教学改革活动本质特征和内在规律的认识,是保障教学改革进程有效性的准则。

一、政治性与科学性相结合

政治性与科学性相结合的原则是指在实践思政教学过程中既要体现政治性,又要体现科学性。这体现了思政教育的特性,是思政教学改革首要原则。

实践思政的政治性原则是思政教育鲜明的特征,思政教育强调党性教育和意识形态教育,具有极强的政治性。实践思政的目的是对大学生进行思政教育,通过社会实践提高大学生的思想觉悟,保障其人格品行不断进步。实践思政的科学性原则体现在实践是真理的来源,也是检验真理的唯一标准。通过社会实践活动可以让学生更加清晰地认识马克思主义的真理性、正确性和规律性,真正将思政教育入脑入心,从而科学实现预期的思政教育目标。

政治性原则是实践思政的方向与灵魂,科学性原则是实践思政发展的基础和血肉,两者有着协调且不可分割的关系。政治性原则需要依靠科学性原则实现,偏离了科学性原则,政治性原则往往也很难有效落实;而科学性原则也需要以正确的政治方向为基础,偏离了政治性的科学性原则就难以实现思政教育的核心目标。在实践思政教学场景中,更需要辩证地看待政治性与科学性这两项原则。

实践思政的政治性与科学性有机结合,是实践思政的内在要求而不是人为捏合。实践思政是以马克思主义理论为基础的,其本身具有极强的科学性;实践思政在具体实施过程中,需要贯彻科学性,就必须坚定不移地落实政治性,使实践思政的政治性和科学性协调统一。"科学越是毫无顾忌和大公无私,他就越符合工人的利益和愿望"。只有完善实践思政的教学方式方法,才能帮助学生更好地理解和掌握思政教育教学内容,实现实践思政政治性与科学性的有机结合。实践思政的教学方法必须根据学生的实际情况、教学内容、教学硬件设施等进行选择,不同地区、不同专业特色、不同硬件条件的高校,在选择实践思政教学方法的过程中要随机应变。实践思政教学方法的选择不可能有统一的标准,要充分考虑学生的接受程度,选择有利于学生正确世界观、人生观、价值观形成的社会实践活动,才能有利于实践思政的开展。

二、思政教育与专业教育相结合

实践思政不仅可以承担对大学生进行思政教育的任务,同时还能承担向大学生传播科学知识、培育其综合素养的专业教育任务。实践思政通过多种措施增进思政教育和专业教育的协调性,在教学进程中帮助学生掌握专业理论知识的同时,对学生开展思政教育,提高其道德修养与政治觉悟。思想政治教育与专业教育既不是一种平行的关系,也不是分先后、分阶段进行的。事实上,二者是一个有机的整体。如果只开展专业教育活动,很难有效地处理学生的各种思想问题,也很难增强学生的自主性;如果只进行思想政治教育,往往会陷入空洞的说教,不仅缺乏理论的说服力,也难以有效处理各种专业问题,难以提高学生的求知欲。

高校教师在讲授专业知识、专业技能的同时,还需要向学生传授马克思主义思想,拨开困扰与迷惑大学生的思想迷雾,提升大学生自觉抵制各类错误思想侵袭的意识水平。实践思政将思政教育与专业教育有机结合,在通过社会实践传授科学知识的同时,引导新时代大学生践行马克思主义,在实践的过程中将大学生的政治品德与专业能力进行充分的融合。在实践思政教育教学工作中,坚持思政教育与专业教育的协调需要尽可能规避两类问题:一是片面开展思政教育工作、漠视专业教育的问题,将实践思政教学打回空洞的理论灌输;二是片面开展专业教育工作、漠视思政教育的问题,将教学视为简单的专业知识传递及能力培养,淡化了思政教育的主题。这对高校教师提出了更高要求。实践思政的特殊性会影响教学过程,不仅需要有效应对"知"和"不知"的冲突,还需要应对"信"和"不信"的矛盾。"知"与"不知"之间的冲突更易应对,重点需要应对"信"和"不信"之间的问题。学生了解理论的内容,但并非必然相信其真理性,若是无法发自内心地相信理论内涵,理论就无法实现对行为的指引效果。若"知而不行","知"也就毫无价值,对实践思政来说是失败的。因此,实践思政教学改革是正人先正己的教育教学过程,教师的行为举止、风度气质会对教学效果产生很大的影响。作为大学生群体的学习对象,高校教师自身首先要做到行为示范、以身作则。优秀的教师往往凭借自己的高尚境界和魅力激励学生,成为学生成长过程中的楷模。教师一直被称为"人类灵魂的工程师",教师在精神层面上对塑造学生的灵魂承担着关键责任。实践思政的推广也将有助于高校教师时刻严于律己,激励高校教师持续提升自身素养,特别是思想政治素质和道德修养。教师只有坚定不移地信仰与实践马克思主义,才可以实现理想的教育引导效果,才可以实现理想的教育实效。

三、显性教育与隐性教育相结合

实践思政要贯彻显性教育与隐性教育相结合的原则,充分发挥显性教育和隐性教育的优势,共同提高思政教育实效。实践思政的显性教育要尽可能开发隐性教育资源,增强整体教育水平,进一步提高整体教育效率。实践思政的隐性教育需积极推进社会调查、参观访问、教学实习等形式多样的社会实践活动,有效开发各式各样的社会资源,大幅度强化思政教育的活力和教学效果。

隐性教育相较显性教育来说,具有更广的教育维度,同时也是显性教育之外其他各类教育的统称。实践思政的隐性教育内容和教育手段都显著丰富于显性教育,表现出更强的辐射力和渗透效果。实践思政的隐性教育通过各类社会组织、团体和媒介,关注环境对教育的影响与熏陶作用。社会信息化、网络化发展不断加速,隐性教育对思政教育的影响和传统的显性教育相比有着更大的优势和更强的影响力。实践思政推动思想政治教育的完善需要遵循显性教育与隐性教育的充分协调。培育新时代大学生,一方面需要通过显性教育,将思政课的理论学习作为核心目标与着眼点;另一方面也需要充分运用隐性教育,实现思政育人的核心任务。

四、理论性与实践性相结合

实践思政需要坚持理论性与实践性相结合。教师在课堂上的首要任务就是要给学生系统地讲解所要学习的理论内容,这是让学生掌握理论知识的前提和基础。给学生灌输先进的理论知识能够直接提高大学生的认识能力和认识水平,完成基础的教学目标。在理论学习过程中,学生运用理论解决问题的能力并没有得到彻底锻炼,这便需要教师积极推进实践教学活动。开展实践思政教学工作要坚持理论武装与实践育人的结合,依托多种多样的社会实践活动,灵活运用马克思主义理论,敦促新时代大学生在社会实践中完成理论向实践的转化。

实践思政的理论教学与实践教学要有机结合。依托多样的社会实践活动,选择恰当的教学手段,帮助学生更轻松、直观、准确地理解理论教学内容。教师带领学生积极参与到社会主义现代化进程中,帮助大学生真正了解基本国情,认清自己的社会责任,培养大学生的爱国主义精神,让学生通过实践真正提升思想政治素养。事实证明,单一的理论教育或单一的实践教育都是不正确的,没有理论知识作基础的实践教育很难得到应有的实践效果,空有理论却不实践也将失去理论的意义,失去实践教育的理论知识也注定难有创新。只有将实践思政的理论教育和实践教育有效结合,才能够保障大学生的思政教育教学质量。

实践思政的建设既需要提高教师的教学能力,也需要形成一整套教学机制。一方面,理论教学部分要求高校教师在教学过程中投入更多的激情,只有教师自身对理想信念坚定不移,才能够将"理"与"情"连接起来,才能将枯燥无味的理论以饱满的激情传递给受教育者,教师的情感投入在实践思政教学过程中非常重要。另一方面,实践教学环节是实践思政的核心,也是将理论教育转化为实际行动的重要一环。将实践教学落到实处必须建立起一套完善的教育教学机制,形成完善的教学计划、教学大纲,规定好学时学分,有的放矢地将理论与实践紧密联系在一起,严格落实实践教学设计,系统考评实践教学结果。

五、主导性与主体性相结合

实践思政需要坚持教师的主导性与学生主体性相结合的原则,教师是实践思政的主导,在实践思政实施过程中具有主导作用。实践思政教育教学改革中,教师的主导性主要表现在:①作为实践思政教学活动的组织者、主持者,教师在实践思政中承担着具体实施和课程规划设计的责任。②教师在思政教学实践中扮演着导向者的角色,对于教学方向的把控发挥着重要作用,严格遵循政治性与科学性原则,不断更新教学内容和方法、引导学生学习理论的同时,及时纠正学生在实践过程中出现的思想偏差。③教师是学生学业成长的重要引导者,在开展教学活动的过程中,不仅应当引导学生在专业技能上不断进步,还应积极推动学生思想品德的快速成长。高校教师应运用科学的教学方式引导学生保持积极的学习态度,成为保证大学生健康成长的重要指引者,帮助学生在实践的过程中实现自己的个性化发展,使其成长为社会需求的现代化人才。实践思政是在教师引导的基础上由学生主动推进的实践教学活动,在实践过程中实现理论内化的教学目标,从而让学生自己以正确的世界观、人生观、价值观指引自身发展。

在实践思政教育体系中以教师的主导性为基础,尽可能地发挥学生在实践教学阶段的主体性,激发大学生群体开展自主研究和创新性的学习活动,使其在实践中更好地掌握实践思政的教学内容。实践思政教学场景中,教师和学生都是思政教育的主体,教师是教学和传授的主体,学生是学习和接受的主体。教师作为教学过程中设计、组织和促进的主体,在整个实践思政教学活动中具有重要的导向作用。学生是教师的主要教育对象,同样也是教学的客体,其思政水平的提升需要依靠教育。但学生并不是消极与被动地配合教育,而是具备主观能动性,可以对教学内容自主选择、体验、接受。通过分析可以发现,实践思政的开展充分体现了学生的主体性。实践思政需要师生共同深度参与,师生在开展社会实践的过程中形成了一个整体系统,并在社会实践中实现了有机互动与融合。没有教师对学生在实践思政中的主导作用,学生很难在实践思政中主动将理论知识运用到社会实践中,理论学习就不能实现对实践活动的有效促进。只有学生的主体性与教师的主导性充分融合,才能保证实践思政教学活动达到理想的教育效果。

大学生有无穷的创造力,他们渴求知识并且希望积极地进行表达。在实践思政教学中,教师要充分尊重大学生的主体地位,革新思政教学思想和教学方法,充分开发大学生群体在思政教育中的主体性。这对高校思想政治教育实效性的提高具有重要的意义。

(1)大学生的主体意识能够通过思政的社会实践活动得到有效激发。人对于主体地位、能力以及价值会产生特殊的自觉意识,自主性、能动性及创造性在实践学习过程中能够有效表现。通过大学生群体塑造正确思想,持续提升综合素养,思政教育的相关内容才会为大学生所接受与内化,大学生的主体性才会有效充分地发挥。作为认知和实践活动的主体,大学生会对自己的主体地位、主体能力和主体价值形成自我意识。思想政治教育被大学生接受并主动内化需要其自我意识水平的不断提高,实践思政教学过程强化了大学生的自主性、主动性和创造性,更好地激发了大学生群体的主体意识。只有引导大学生不断提高自我意识水平,思想政治教育才能被大学生所接受和内化。

(2)实践思政高度关注大学生主体地位。这要求高校教师在开展教学活动的过程中要与学生建立平等且互相尊重的新型师生关系,转变传统的唯"师"命是从的旧观念。实践思政教育体系要求教师在实践教学的过程中对学生进行多维度启发和引导,充分将实践体验与所学知识有机结合起来。

(3)实践思政有助于增强大学生的主体能力。对于大学生而言,主体能力是他们应对各种困难的动力源泉。实践思政着力通过实践使大学生树立坚定的信念、奋发图强的精神以及坚强的意志,帮助大学生形成独立、理性、自由的人格。这是实践思政的重要价值。

六、灌输性与启发性相结合

实践思政需要坚持灌输性与启发性相结合。灌输性教育是指在教学场景中,依靠灌输理论教学内容帮助学生掌握各类理论知识、政治观点的教学方式。启发性教育是指学生依靠教师的教学引导,通过积极主动的自主学习实现对理论的理解和认识,进而自觉形成个人的专业素养和行为习惯。实践思政教学改革过程中,贯彻灌输性教育与启发性教育相结合原则就是在教学体系中充分发挥教育者的主导性,同时还需要关注如何通过多种方式刺激学生积极开展启发性教育,实现灌输性教育和启发性教育有效地融合,进而实现实践思政预期的教学目标。

在传统的思政教育中,教师往往认为学生对于知识的获取量随着传授量的增加而增加,教学效果也会更理想。但事实上,此类做法通常难以实现理想的教学效果,这主要是因为学生很少有时间独立思考。实践思政更为关注启发式教育。对新时代大学生而言,提高学生主动学习的积极性首先要从需求层面激发其学习需要,帮助其发现自身存在的短板,认识到所掌握的理论知识的实际意义。实践思政教学改革不仅要求教师具备扎实的专业理论基本功,还要通过社会实践活动培养学生的学习积极性,帮助大学生确认所学知识的必要性和现实意义,引起学生的学习兴趣。

对于实践思政而言,实现教学目标需要处理好"认知"与"不认知"的冲突,以及"认知"与"行动"的冲突。在教师的引导和帮助下,学生能够接受理论的概念和行为规范,但如何将理论知识转化为自己的个体意识,并让学生自觉地把这些要求作为自己的基本价值观和行为准则是需要通过启发性教育完成的。"认知"与"不认知"的冲突也可以在启发式教育中得到较好的处理。学生在实践过程中可以实现思想向行为的转化，行为的多次产生会推动形成良好的行为习惯，达到理想的思政教育效果，"认知"与"行为"的冲突也能得到有效解决，这个过程是一个外化的过程。

　　内化与外化之间的关系是辩证的。对于外化而言，内化是基础和前提，没有内化就很难实现理论知识的外化。外化是内化的基本和归宿，没有外化，内化就会失去价值。学生理论知识的内化和外化是实践思政非常重要的两大环节，也涉及非常复杂的思想转化关系。教师需要通过多种教学方式帮助学生实现理论知识的内化与外化，同时还需要教师充分发挥组织、引导作用，学生在这一过程中也需要充分开发自主能动性，即实践思政既需要有教师深入浅出的灌输性教育，也需要有学生深度参与的启发性教育。这样才能实现实践思政的灌输性和启发性的有效融合。

第四章　新时代高校文化育人体系构建

第一节　育人与文化育人的内涵

一、育人的内涵

(一)育人的含义

育人是一项以教为主导、学为主体,教与学双向趋同,教育与学育合二为一的有机活动。学校是专门的育人有机生命体,教学活动是学校育人的有机生命形式,导学法是科学育人方法。

"育"有三种意义:生育、养活、教育。而"育人"中的"育",只能取"教育",也就是培养的意思。育才即培养人才,即"育人",也可以解释为"培养人",此处的"人"与"人才"既有相同点,又有不同点:所有"人才"都是人,而"人"却不一定都是"人才"。

(二)育人的实践策略

1. 文化浸染

教师在各科的教学过程中,要自觉利用、挖掘教材中的政治、历史、哲学、礼仪等独具民族特色的文化元素,引导学生逐步深入了解传统文化,以及它们在新的时代背景下应有的新内涵和新的发展方向,培养学生对本国文化的感情。这样的人格教育,会提高学生的社会责任感,有助于弘扬中华民族的传统美德,使学生逐渐养成高度的社会责任感和民族使命感,有助于形成强大的国家凝聚力。从哲学的角度来看,人是社会中的人,他的思想、行为方式无时无刻不受到环境中文化的影响。人的最初人格的构建离不开对母语文化的理解与内化,因此,文化不仅肩负着教育人、关注自身的价值和生存意义的使命,还肩负传承民族理想的使命。所以,大学生正确文化观的培育十分重要,这体现在以下两个方面:①颂扬传统文化中爱国齐家、礼信待人、铁肩担道义的精神。②随着全球化进程的加快,教材中难免会出现中西方文化碰撞的情况,这时教师应该教导学生盲目崇拜西方文化或是狭隘排外都不是理智的行为。

可以说,文化观绝对不仅仅是对一种文化形态的认定与选择,从深层意义上说是一种对文化心理、价值取向的选择。

2. 审美感染

美育与智育、德育、体育并列为四育。教育是帮助被教育者，帮他发展自己的能力，美育在这一过程中应起到重要的作用。美育者，应用美学之理论于教育，以培养感情为目的者也。可见，美育是一种以美学为理论基础，借助自然、生活与艺术来陶冶情操，健全人的审美心理结构，培养人对美的感受力、理解力和创造力的教育活动。美育的实质在于以美育美，用美好事物来陶冶、培育具有健康高尚审美观的人才。各科教材提供了丰富的美育内容，这些都能作为美育的依据。教师在教学中实施美育，必须对学生进行引导，针对知识的不同性质和特点来确定美育的重点，按照学生不同的年龄特征和心理特征，采用不同的方法，将学生带入教师设计的特定美育情景，让学生通过亲身的情感体验，产生一系列对审美对象的肯定或否定的审美态度和审美评价，在性情上得到陶冶，培养学生移情和共情的能力，达到所谓的"以美感人，以情动人，心灵日臻净化"的境界，使学生摒弃假、恶、丑，趋归真、善、美，从而达到实现自我的境界。

3. 人格熏陶

新时代教育的人格完善是一种由内向外的精神培植和生长，人的精神培植与生长熏陶不是靠灌输达成的。例如，语文教育不是伦理意义、道德意义上的，不是学习了语言之后，就可以成为道德上的好人、完美的人。语文教育的作用在于给学生个性精神的发展提供自由的空间和经验参照，让学生在这样的宽松环境下成为幸福生活的创造者以及社会主义的建设者和接班人。教师离开了对最核心的主体"人"的培育，而去抓客体"文"的教学，就失去了教育的真正价值，也就失去了教学的真正价值。以育人为本，书就教好了。因此，教师在教学过程中深入挖掘社会、生活、教材中所蕴含的美，学生在学习知识的同时，学会宽容、关爱与理解，这才是育人之本。

上述三个育人实践策略中，有的从直观感觉上调动各种感官刺激，营造育人的氛围，使受教育者积累直观感受和情感体验；有的从人的主观角度、个性发展方面、精神层面实施育人策略；有的挖掘时代背后所蕴含的诸多影响因素，将育人置于时代的大背景下。尽管这三个实践策略的出发点不同，但都是为了达到育人的目的。

二、文化育人的内涵

文化育人是指以人类创造和选择的文化去感化人、熏陶人、培育人。文化育人不仅包括用精神财富育人，还必然包括用物质财富育人。文化育人的最终目的在于塑造青少年人性的高洁，培养他们健全的人格。文化育人的本质就在于以人类文化的正向价值为导引，教化人走向道德、理性、真善美，从而实现立德树人的目标追求。建设一种文化是一个长期的过程，更是一个充满魅力和挑战的过程，一个叩问反思、寻根溯源的过程。

文化育人是一种以"文"化人的历史过程，是一种广泛存在于人类生活方方面面的社会现象，是文化存在于人类社会而作用于人的客观存在。然而，随着时代的发展和社会的进步，文化育人的内容不断丰富，并且被时代赋予了新的特征和内涵，我们要在实践中深刻认识到,文化育人要坚持"以人为本",注重人的智育、德育均衡发展,从而实现"人的全面发展"。因此,文化育人不仅肩负着传授传统的文化育人的科学文化知识的使命,更有着实现"人的全面发展"的使命,以科学途径启蒙人、发展人,使人不仅掌握科学技术知识,也在道德、人格、综合素质上得到全面的发展,成为社会主义合格建设者,最终推动社会的前进和发展。

第二节 高校文化育人的基本要素与内在机制

一、高校文化育人的基本要素

高校文化育人是我国高校思想政治教育的一种活动形式,它包含三个基本构成要素:其一,教育者,文化育人的主体要素;其二,大学生,文化育人的客体要素;其三,文化载体,文化育人的媒介要素。这三个基本要素决定了文化育人的发展和实现,如果基本要素缺失,那么文化育人将无从谈起。而且,文化育人的实现需要这三个基本要素的相互配合。

(一)主体要素——教育者

教育者是组织实施文化育人实践的主体,是文化育人的一个基本构成要素。文化育人主体是指以思想政治教育为目的,通过文化手段进行育人的主动行为者。这一主动行为者统称为"教育者"。教育者既可以是具有主动教育功能的组织,也可以是教育组织中的个人或由多人组成的群体。本书讨论的文化育人的施教主体是文化育人实践活动的真正设计者和组织者,即高校教师和从事教育教学管理的管理者。

教育者在文化育人过程中的根本职能是价值引导,即以社会要求为准绳,科学地影响教育对象,并将教育对象的思想政治品德提升到社会需要的水平。由于教育者在文化育人过程中的根本职能是思想政治教育,所以在教师身上具有共同的职业特点,其中最为突出的体现在以下三个方面。

1.坚持社会主义文化自信

文化自信指的是人内心对国家及民族的文化产生的强烈的认同感。无论是实现中华民族的伟大复兴,还是实现中国梦,都需要人民群众对本国文化认同,对民族文化认同。文化自信的形成,需要教育的服务和支持,教育者是文化自信建立的重要指导者,具有重要的影响。正因为如此,教育者需要注意,作为学生的引导者,必须积极热情地投身于中国传统文化的传播当中,必须无比热爱社会主义文化。只有这样,教育者才能向学生进行文化自信的教育,这是教师作为文化自信传播者的职业要求和职业责任。

2.传播社会主义先进文化的自觉

高校教育者必须认识到自身具有传播社会主义文化的责任和使命,要利用自己的身份,传播中国故事、中国声音。教育者不仅是社会主义文化的践行者,还要带动他人成为社会主义文化的践行者。当代大学生的成长环境和以前不同,他们没有体会过真正的革命战争,也没有体会过社会主义建设的艰难和辛苦,很难深刻体会到我国的社会主义文化。所以,教育者应该承担起社会主义文化宣传与建设的责任,利用自身的职业,传播中国优秀社会主义文化,为学生解释澄清一些错误认知,加强大学生对于社会主义文化的认同。

3. 坚持文化主导性

社会主义人才的培养主要在于教师要培养出合格的社会主义接班人,也就是取决于教师的文化主导性。主导性,指的是教师在思想政治教育过程中表现出积极主导作用。同样,在文化育人过程当中,教师也具有主导性。当前,社会上出现了非常多的思想,各方文化也在不断地冲击着我国本土文化的发展,我国文化呈现出了多元化的发展趋向。中国社会主义文化要想在这样的环境下发展,就必须坚持文化主导与文化多元的共同发展。文化主导指的是以社会主义先进文化为主导及主要的文化育人方向,为我国大学生的文化发展提供营养,提供精神动力。

文化育人的主要执行者、设计者和组织者,是文化工作的教育者。教育者需要根据文化教育计划开展文化育人活动,并且要在活动当中体现我国的思想政治教育内容。以文化为主要载体进行文化渗透,能够有效地传播思想政治价值观念,能够让我国大学生的文化发展方向与国家的文化发展方向相契合。对于学生来讲,他们是文化育人活动当中的受教育者,学生时期是思想价值观念养成的重要时期,学生的思想价值观念还没有完全成熟,表现出不稳定的特点。学生对整体文化的判断和领悟具有一定的局限性,很难对社会上各种各样的价值观念做出准确的判断和精准的选择。所以,教育者必须发挥出自身对学生价值观念形成的引导作用,也就是说,教育者必须始终坚持文化育人的主导性。

教育者除了做好以上工作之外,还需要注重教育过程中显性思想教育和隐性思想教育的结合,特别是要注重文化对人产生的潜移默化的影响。

(二)客体要素——大学生

思想政治教育活动针对的对象,就是思想政治教育的客体。客体主要分为两类:一类指的是人;另一类指的是事物,比如教育内容、教育方法、教育工具、教育资源等。思想政治教育活动的开展,主要是为了教育人。

大学生是受教育的对象,在文化育人活动中的主要任务是学习,通过学习不断提高思想道德素质。除此之外,大学生还要培养自己的主体性,要积极参与文化育人活动。大学生作为文化育人活动的客体,需要和文化育人活动的主体相互尊重,建立平等的关系。具体而言,教育者需要尊重学生的教育需求,也要遵守教育规律;学生要接受教育者的引导和教育,最终通过育人活动实现自身素质的提升。

大学生还处于价值观未最终形成的阶段,也是价值观走向成熟的重要阶段。这一阶段的大学生具有以下两个特点。

1. 鲜明的主体性

大学生具有的鲜明的主体性,指的是他们在接受社会主义文化教育过程中体现出来的对价值理念的主动选择、主动接受。大学生自主地内化社会主义先进文化,积极地改变自身的行为与认知,将社会主义先进文化和价值理念应用到实践当中,并不断在实践当中提高自身道德素质。对大学生而言,教育者传递的先进文化价值观念属于外在客体,学生只有发挥自身的主体性,才能进行文化价值观念的吸收转化,最终才能有效地应用到实践当中。只有大学生发挥主体性的作用,文化育人才能收到实际效果。从这个角度来讲,主体性更像是大学生的能动性、主动性,是作为受教育者的主体性。

大学生鲜明的主体性,具体体现在以下方面:大学生处于快速成长阶段,这不仅体现在身体发育上,还体现在独立意识的增强、对外界信息需求的加强以及对信息反应的灵敏度上,这些都是大学生主体性的体现。大学生会在文化育人活动当中,积极地吸收先进文化思想,并且进行独立的判断、思考,做出具有自主性的选择和判断。大学生会在文化育人活动当中表现出积极探索、勇于实践、不断提升突破的特性。

虽然大学生作为受教育者具有自身的主体性,但对于文化育人活动来说,大学生是客体,文化育人活动的主体依旧是教育者,只有教育者才能发挥文化育人的主要作用。在文化育人过程中,必须要充分调动作为教育客体的大学生的主体性,让大学生发挥出积极性和主动性。

2. 极强的可塑性

文化育人活动当中的可塑性,指的是受教育者的思想品德可以通过外在环境以及教育主体的作用发生改变,是可以被塑造的,可以让其向社会需求的方向不断发展。社会实践表明,文化观念与道德品质的形成,都是受外界环境影响的,并不是自主发展的。可塑性主要强调人的可教化性、交互性、生成性及内在主动性。只有教育对象具备可塑性,才能实施文化育人教育。

大学阶段是学生思想变化较快,且行为及心理都非常活跃的阶段。在这个阶段,大学生很容易受到外界的不良影响,进而造成情绪极端、思想偏执、意识执拗。形成这些问题的主要原因在于,大学生的可塑性很强,但发展并不稳定。因此,需要开展文化育人活动,借助大学生的可塑性让其向着正确的方向发展,让大学生选择正确的文化价值观念,将正确的文化价值内化为自身道德素质。

文化育人活动的开展是有育人目的、有具体实施计划的,具备非常强劲的塑造性和教化性。育人文化活动的开展必须坚持学生本位,要积极调动大学生的主体性和可塑性,要在尊重学生发展规律的基础上,帮助大学生形成正确的发展方向,整体提高大学生的道德素质。

(三)媒介要素——文化载体

当今时代文化多元化发展,文化载体越来越受到重视。文化载体是思想传播的重要途径,思想政治教育活动只有利用文化载体展开,才能算是文化育人。对于文化活动来说,文化载体是必不可少的。它是文化育人的媒介要素,能够让文化育人主体和文化育人客体产生联系,能够使文化育人的三个要素相互配合、相互作用。与此同时,它也为文化育人提供了平台,可以说,文化载体是各种要素按照一定的结构连接所形成的具有文化价值传播功能的系统。

首先,文化载体需要满足四个基本条件:其一,文化载体必须承载文化价值信息;其二,文化载体要能够联结教育主体和教育客体,实现主体和客体之间的信息传递;其三,文化载体要能够被教育主体运用和控制;其四,文化载体要能够引导受教育者、教化受教育者。

其次,文化载体形式多样,无论是物质实体还是文化活动形式都是多种多样的。在育人活动形式方面,有课堂形式的育人、有实践形式的育人、有校园文化形式的育人、有教书形式的育人、有管理形式的育人、有服务形式的育人;在文化发掘活动形式方面,很多文化建设都发掘和融入了思想政治教育的内容和理论;在文化物质实体方面,有绘画产品、书籍产品、影视产品、音像产品,还有图书馆、文化馆、博物馆等文化事业单位。

最后,文化载体并不是静态层面的概念,属于应用层面的概念。某种文化物质或者某一文化活动究竟属不属于文化载体,并没有固定的说法,如果它符合思想政治教育文化载体所满足的四个条件,那么它就是文化载体,反之就不是。举例来说,在某一篇文章当中,有一些内容蕴含了思想政治教育文化信息,如果只具有文化信息,那么这篇文章并不能称为文化载体;如果教育者利用这篇文章展开了文化育人活动,且受教育者受到了内容的教育与启迪,那么这篇文章就成为文化载体。也就是说,单纯具有文化信息,并不能说它是文化载体,只有当文化信息被教育者利用了,并且被受教育者从内心接受了,它才能成为文化载体。

文化传播必须依赖于文化载体这个媒介,从本质上来讲,文化能够实现发展最根本的途径,是信息的传播,也就是说,文化育人活动其实就是利用文化媒介进行的传播活动。从传播的角度来讲,媒介指的是书刊媒介、广播媒介、电视媒介以及多媒体媒介等。媒介的种类非常多,尤其是当今的科技发展飞速,媒介种类快速增加,并呈现出了一体化的发展趋势,比如很多媒介形式都倾向于向网络和电子形式转变。但是,无论是哪一种媒介形式,只要符合育人文化载体的四个基本条件,就可以发挥文化育人的作用。

文化载体具有多种作用,具体而言:一是为育人活动的开展提供载体,提供信息传递的媒介;二是作为桥梁使育人活动的各个要素之间的联系有结构、有组织,加强了各要素之间的配合与联系,除此之外,还可以促进各要素的相辅相成,让要素更加协调、更加一致;三是作为文化育人活动的平台,为教育者教育方法、教育内容的创新提供了支持;四是教化功能,文化载体承载的文化信息能够教育人、改变人的思想;五是文化载体形式的多样化提高了文化育人活动的吸引力,进而促进育人效果的提高。文化载体的多种作用使得它成为文化育人的必备要素之一。

二、高校文化育人的内在机制

文化育人的内在机制主要有三个:一是人化与化人的互动机制,该机制主要针对文化的生成;二是文化认同机制,在文化认同机制的作用下,个体思想得以形成;三是文化内化与外化机制,在该机制的作用下,文化知识能够升华为个体的思想,也能够影响个体在实践当中的行动。

(一)人化与化人的互动机制

从文化生成的基础看,文化总是以人的主体性实践为基础的,是人依照自己的目的和意愿"向文而化"(即"人化")。离开文化主体人的"向文而化",文化便失去了可以生成的基础。

人的"向文而化"有两个角度:一是向外扩张,即按照"人"的发展需要和理想不断改变人的外部世界,使外部世界"人化";二是向内完善,即按照"人"的发展需要和理想不断提升和完善自我,实现人自身的"人化"。其中,人自身的"人化"离不开文化的参与。无论是因为人作为一种历史性的文化存在,还是因为人作为世界不可分割的一个重要组成部分,人的提升与完善都离不开外部世界文化的孕育和影响,都要经历文化"化人"的历程。文化像人的血脉一样,贯穿在特定时代、特定民族、特定地域的总体性文明的各个层面中,以"自发的""内在的"方式影响着人类的生存活动。从这个意义上说,"人化"与"化人"共同构成文化生成的基础,二者均不可或缺。从文化生成的历程看,文化是在"人化"与"化人"的双向历程中生成的。人创造文化,文化也塑造人。人与文化是一种双向构建的关系。这种关系主要体现在两个方面:一方面是人"向文而化",简称"人化",即人通过社会实践,将外部世界对象化,创造出丰富多彩的文化。人将外部世界对象化的过程实际上就是人"向文而化"的过程。人在向文而化的过程中创造文化,发展文化。另一方面是文化"化人",即人在外部世界文化的孕育下不断发展、提升。在文化"化人"的过程中,看似没有直接创造新的文化,但是促进了新的文化主体的生成,为进一步的文化创新发展奠定了基础。从这个意义上说,文化生成于"人化"与"化人"的双向历程中,是人与文化相互构建的结果。

文化生成的内在机制体现在"人化"与"化人"的互动过程之中,这一互动过程就是人类文化的原初生成和当代生成的共同规律。"人化"与"化人"作为文化生成的双向历程,二者彼此交融、循环往复、互生互动,文化就是在二者永不停息的双向互动中不断地生成着、发展着。

文化育人的过程是通过加强社会主义先进文化建设来促进人的全面发展的过程。在这一过程中,社会主义先进文化的发展与人的全面发展相辅相成,相互促进。其中,"发展社会主义先进文化"是人"向文而化"即"人化"的过程,是"人"对"文化"的构建;而以社会主义先进文化促进人的全面发展是"化人"的过程,是"文化"对"人"的构建。从这个意义上说,文化育人的过程实质上也是"人"与"文化"双向构建的过程,文化育人的价值就是在"人化"与"化人"的互动机制中得以生成和实现的。

从"人化"与"化人"的互动机制可知,实施文化育人要着重从两个方面下功夫:一是加强社会主义先进文化建设,在具体的文化育人活动中就是加强承载社会主义先进文化的文化载体建设,以增强文化化人功能;二是加强人的主体性建设,促进人的全面发展,以增强人在发展社会主义先进文化中的本质力量,即提升"人化"水平。

(二)文化认同机制

文化育人主张以文化来感化人,注重将文化知识转化为个体内在的思想,让个体能够自觉地在行动中践行文化自信。对于文化育人来讲,文化认同是实现文化育人的重要步骤。认同,指的是个体对外界存在的意识、价值、观念以及情感所产生的趋同心理,这种心理能够促进个体行为的自觉。认同包含很多方面,比如民族层面的认同、国家层面的认同、文化层面的认同等。文化认同属于认同当中最核心的一种认同,包括个体对民族、对国家的认同,它所肯定的是整个民族以及国家的文化价值观念。换言之,在所有的认同形式当中,文化认同能产生最深刻、最持续的影响。文化认同涉及文化理念、文化思维、文化规范,这些都会影响个人的价值取向以及价值观念的发展。对个人而言,文化认同是文化内化的发展前提,对于国家和民族来说,文化认同也是国家凝聚力、国家持续发展的精神支柱。文化认同是先进文化和受文化教育的受教育者之间的桥梁,先进文化需要通过文化认同这个中转站实现向受教育者的文化输出。也就是说,文化育人功能想要实现,必须依赖文化认同这个桥梁。

文化认同主要分为两类:一类是外显认同,一类是内隐认同。两种认同既保持相对独立,又保持紧密联系,共同促进彼此的发展。外显认同能够带动内隐认同的发展,内隐认同的发展又反过来促进了外显认同的进步。通常情况下,文化内化是从外显认同开始,并逐渐向内隐认同的方向构建的,文化认同始终是文化内化能够形成的前提条件。

文化认同机制存在于外显认同与内隐认同的认同过程当中。外显认同代表个体明确的选择及其所认定的某一种文化的价值,表现出来的是个体态度的转变。从社会心理学的角度出发,个体态度转变主要历经三个阶段:

第一,服从阶段。这一阶段个体表现出的是短暂性的顺从,可能是由于外在的权威或压力而不得不选择顺从。服从和认同不同,服从是表面上的,认同是发自内心的。服从更多的是个体对外部所提出的要求的一种配合,即你要我怎么做,我就怎么做。

第二,认同阶段。认同代表主体不再是被动接受,而是开始主动认可,体现出了个体自我的主观判断和选择。认同阶段的个体判断是思想层面上的,但还没有深化到实践层面,思想仍容易受到外界的影响变化。认同是思想内化的前提和基础。

第三,内化阶段。内化代表个体已经对文化价值产生了固化性。固化性指的是文化价值从外在转化为内在形式,并且稳定存在,是实践当中的一种固定的行为习惯。内化是个体态度的最终表现形式,和服从阶段的"你要我怎么做,我就怎么做"的想法不同,内化阶段表现为"个体想要怎么做,就怎么做"。

总而言之,个体态度的变化是从被动服从的"你要我怎么做,我就怎么做"向主动践行的"我要怎么做,就怎么做"的转变。在态度的转变当中,外显认同强调个体自主做出的判断与选择,强调让个体积极主动地接受外在社会文化价值。外显认同作为被动服从和主动内化的中间过程,很好地实现了个体从被动到主动的转变,使整个态度转变环节非常顺利,发挥了不可替代的作用。

内隐认同,指的是个体接纳外在价值观念的过程,也是非常重要的认知方式和学习方式。通常情况下,内隐认同发生在潜移默化当中,对个体产生的影响比较隐秘,所以叫内隐认同。具体而言,内隐认同主要体现在个体的观念变化、思想变化上,发生在不知不觉当中。一般而言,外在观念对个体内在的改变都是通过内隐认同实现的,也就是说,个体思想文化的形成其实是个体主观对外在文化的内隐认同。内隐认同是外在文化作用于个体的桥梁,只有通过内隐认同,外部文化才能实现对个体内在价值及观念的改变。

文化认同是外显认同与内隐认同共同作用的。虽然文化的内化是在不知不觉中形成的,主要依赖内隐认同,但是外显认同的作用也是不可忽视的。外显认同是个体感知外界并开展学习的重要方式,其思想的形成也离不开外显认同。文化的内化必然是外显认同与内隐认同的共同作用,二者缺一不可。如果只有一种认同,那么将无法形成文化内化。可以说,外显认同和内隐认同是个体形成自我思想的重要机制,对于文化育人的实现有着不可替代的作用。所以,要想实现文化育人活动的顺利开展,就必须同等重视外显认同与内隐认同。

(三)文化的内化与外化机制

文化价值观的形成是后天环境作用的结果,需要经历文化内化与文化外化的发展过程。文化育人最终是要受教育者接受文化价值观念,而文化从外在到个体内在的转化也同样离不开文化内化与文化外化。

1. 客体主体化的过程

文化育人的本质是外在的思想价值观念"客体主体化"的变化过程。文化育人,主要是想通过文化达到培养和塑造个体的目的,实现文化的教育功能。想要实现文化的教育功能,就要将本来属于客体的文化价值进行主体化,切实让个体发生变化。也就是说,文化育人的过程是主客体之间相互作用的过程。需要注意的是,这个过程并不是价值从无到有的产生,而是价值从可能向实现的转变、从潜在到显在的转变、从客体到主体的转变,也就是客体主体化的过程。

2. 客体主体化的基本环节

文化价值的客体主体化转变过程主要涉及两个环节,也就是文化的内化与文化的外化。需要注意的是,客体主体化并不是直接将客体作用在主体上,也就是说,并不是客体单向作用于主体,而是主客体之间的相互作用。这个相互作用先从文化内化转变到文化外化,然后再转向更高层面的内化与外化。文化内化指的是文化的价值观念、道德内容被受教育者接受和认可的过程,是将外在的文化转化为受教育者自身的认知、思想和信仰的过程;文化外化指的是受教育者将形成的文化价值与文化观念实践到具体的外在环境中的过程,也就是转化为行为的过程。

通过文化的内化与外化两个基本环节,文化价值观念转化到了受教育者的内在价值观念当中,又在受教育者的行为作用下表现为外显的行为习惯,进而实现了文化价值从客体到主体的转变。这个转变,就是文化价值的客体主体化过程;文化价值的客体主体化过程,就是个体形成思想品德的过程。

3. 内化与外化二者辩证统一

文化的内化与文化的外化之间是辩证统一的关系,主要体现在三个方面:

(1)内化和外化存在内在统一。二者都是为了更好地塑造个体、培养个体的行为习惯,而且二者的开展都需要以教育实践为基础。

(2)内化和外化相互依存,互为发展条件。文化内化是外在文化转变为个体内在文化意识的过程,能够让个体形成新的文化思想、文化观念,文化内化是外化能够进行的前提。文化外化是个体形成的新的文化价值输出过程,也就是个体将思想转化为实际行为的过程。文化外化是内化的具体体现,也是内化过程最终要实现的目的。

（3）内化和外化彼此渗透，融会贯通。内化环节中，个体的思想形成离不开思想的实践；外化环节中，行为实践也需要思想的指导。可以说，文化内化和文化外化是相互渗透的，并不是完全独立的，二者在某种程度上的渗透融合有利于二者的发展与转化。

4.实施教育的重要阶段

无论是文化内化还是文化外化，对于思想政治教育来说都是非常重要的。在文化内化环节，教育者需要通过文化载体将文化价值观念传递给受教育者，让受教育者感受文化价值观念，并进行选择与判断，最终形成个体自主的文化价值与意识。教育者在进行文化外化环节的教育时，需要帮助受教育者将其所形成的新的文化意识转变为外在的行为和习惯。文化内化和外化都需要教育者发挥文化育人的主体作用，没有教育者作为推动，没有教育者精心的安排和设计，那么无论是文化的内化还是文化的外化，都无法实现，文化育人更是无从谈起，因为文化内化与文化外化是文化育人形成的前提和基础。也就是说，文化内化和文化外化是实现文化育人的基础，对于文化育人的实现来说必不可少。

第三节　高校文化育人的原则

文化育人是思想政治教育中的一个新方式，要和社会主义先进文化相结合，要与大学生的成长环境相贴切，要符合学生的发展规律，还应该充分利用学校的资源，与各种教育力量相结合，从而实现合力育人。

一、尊重学生发展与教育规律的原则

高校作为大学生发展的主要场所，对学生进行思想政治教育也非常重要，应该重点围绕思想工作的规律、教书育人的规律和学生教育的规律展开。这将是高校文化育人的重要原则之一。规律是一种事物在发展的关系当中存在的内在联系，规律决定着事物发展的大致方向。规律是内在的存在，是不会轻易改变的，也不会根据人的主观意志而转移，人们只能发现和利用规律。这是一个永远不会结束、需要不断探索的过程。

文化育人有两种价值追求：一是追求个人的发展价值，主要面向大学生的自由发展；二是追求个人的社会价值，让个人和社会的发展能结合起来，以此促进社会进步。如果从矛盾运动的方面来看，文化育人实际就是教育工作者结合社会需求对大学生的政治文化素养进行有目的、有效果、有规律的教育，让大学生具有一定的政治文化素养，以达到预期效果。这一过程包含学生的成长规律、思想品德教育规律，还有一定的教书育人规律。因此，这些规律是教育工作者在教育过程当中需要遵循的。

（一）尊重大学生成长规律

我们把大学生思想品德所实现的规律，统称大学生的成长规律。成长规律是慢慢形成的，并不是与生俱来的。大学生在校园环境和社会环境的影响下，结合社会实践，可以让思想品德等得到发展，也可以不断丰富自己的知识和行为，从而适应社会所需要的心理素质、思想高度和自身习惯。因此，可以将思想品德的不断积累看作本体内在思想矛盾转化的过程。大学生在成长当中有很多种情况,也要不断适应多种模式。

要以满足现实中大学生的成长规律为出发点。思想品德教育要和现实当中的人结合起来,要贴切现实当中的人的需要。作为文化育人的重点对象,不同学生之间存在着多方面的差异,如成长环境和性格差异等,也因此造就了大学生的不同需求。这些需求虽十分多样,但主要仍是围绕德智体美劳展开的。需求的方式虽各有不同,但每一种需求都是学生在发展过程当中真实存在的。

在进行文化育人时,要让其中的文化教育观贴近学生的思想需求,这样一来,学生就会有更加强烈的求知欲,也更容易接受思想文化教育。这就要求教育工作者在教育过程中了解并学习学生的思想需求,这样才能更好地促进学生的成长。

(二)尊重思想政治教育规律

思想政治教育的规律,是由实践过程当中的内在和外在之间的矛盾运动所联系的。而思想政治教育的基本矛盾,是其与人、社会发展两者之间的矛盾。这个矛盾让思想政治教育的规律成了以人为本、服务人民和推动社会进步的助力,并最终实现促进人的全面发展。但是,思想政治教育在运行过程中的矛盾是复杂的,这导致思想政治教育的规律是多样的。也正因为如此,学术界对思想政治教育也有不同的见解,而且,不同学者对于思想政治教育规律的认识也是不一样的,有很多不同的分析。这些分析主要围绕思想政治教育的矛盾运动展开,例如思想政治教育和教师、社会两者的矛盾,教师和学生之间的矛盾等。所以,教师要深刻学习思想政治教育的矛盾运动过程,从而解决实践过程中遇到的各种矛盾。

(三)尊重教书育人规律

高校教师的一大职责就是教书育人。结合目前中国的教育环境来看,教书育人指的是教师既要教会学生知识、锻炼学生能力,也要对学生进行思想政治教育和社会主义核心价值观引导,让学生不断增强对本民族文化的认同,建立其文化自信,为国家输出德育兼备的人才。教育有一定的德育功能,教师在教学过程当中也应将德育加入教学内容,让教学内容具有科学性和思想性。

随着自身的知识增长,人对自身的精神需要也会慢慢增长,因此就会具备较强的道德意识。对于教育者本身而言,要做到将教书和育人结合起来。研究表明,学生的思想品德是在不断学习的过程当中慢慢发展出来的。文化认知是大学生的行动基础。在提升大学生文化认知的过程当中,教师起着主导作用。由此可见,教书育人也是一种特殊的文化育人,教书育人成为高校教育人的基本规律。所以,高校要实现文化育人,就要遵循教书育人的准则,不断提高教师的教育积极性,把教学和育人有机地结合起来,让整个教育工作充满活力。高校教师应该不断发挥自己的优势,潜移默化地引导学生,不断激发学生的求知欲,成为学生成长路上的指路人,最大限度地发挥文化育人的有效功能。

总而言之,高校文化育人最为强调的就是规律性。因此,在实施高校文化育人工作时,需要尊重学生的成长规律,将思想政治教育规律与教书育人规律作为基本原则。

二、坚持合力育人的原则

对于大学生而言,校园文化对其有很大的影响力。校园文化是指以学生与教师的一系列文化活动作为主体,以校园的精神作为其底蕴,由校园里面的每一位成员经过长期学习而共同创造出来的属于学校所特有的物质与精神文明。校园文化主要包括物质文化、制度文化、精神文化三种。其中,精神文化位于核心位置,因为精神文化是由学校的所有教师与学生的价值观念共同构成的,所以具有主导作用,不仅体现了校园文化的灵魂,也是大学的文化与精神的体现。校园文化是随着大学教育发展的,它是全体教师与学生所共同创造的,主要反映了学校的历史发展与学校在人才培养方面的成就。

校园文化的一大功能是育人。只有健康且积极向上的校园文化,才能使大学生在潜移默化之中学到知识与技能,才有利于学生综合素质能力的提高。

从校园文化的结构与功能上来看,校园文化具有系统性与复杂性。事实上,校园文化就像一个有机的整体,是由多种多样的要素组合而成的,各种要素之间相互联系、相互作用。校园文化的各个要素分布在不同的层面、领域与群体间,因此具有一定的复杂性。随着国家与社会的不断发展,学校事业也有了很大进步,在校园文化方面也一直不断更新与发展。在校园当中,不断有新的文化流行、新的成果被创造,除此之外,也会有许多不符合当下的文化随着时间慢慢消逝。校园文化属于社会文化系统之一,是校内与校外各种教育力量以及校园文化当中的各个要素互相影响与作用的一种产物。

想要正确有效地发挥出校园文化的育人功能,一定要坚持其核心价值观,坚持合力育人的原则。一方面要发挥出学校的主要作用,加强课堂教学;另一方面需要维系学校与家庭的关系,也要能够巧妙地利用社会上的资源,对于课内课外所组织的活动都能够进行科学的设计,为学生打造良好的学习环境。

第四节　高校文化育人的基本方法

一、课程体系建设

就学校而言,进行课程体系开发与建设首先应基于学校的教育哲学。学校独特的教育哲学思想和办学理念,是形成特色课程的第一步。由课程体系建设的方向定位学校的培养目标。因此,首先应该清晰理解学校的办学理念和育人目标,然后在此基础上确立现阶段工作着力点。围绕学校办学理念和育人目标,构建适合学生发展的课程体系,整体推进三级课程建设,促进学校发展。

因为学生之间的个性差异比较大,为满足不同层次学生的需求,关注每一个学生生命的成长和自我完善,学校可以对三级课程进行重构:构建基础型课程、拓展型课程、特长型课程。

构建课程体系并不是国家课程、地方课程和现有校本课程的简单叠加,而是一个有各自目标、各自功能的有机整合。在国家课程"科学""研究性学习"中学习科学知识、研究方法,培养对科学的兴趣;在地方课程富有情趣的活动中,体验科学活动的过程与方法;在校本课程的拓展中,引领学生学习与周围世界相关的科学知识,帮助学生养成探究科学的习惯。

课程体系建设的指导思想是科学、实践、开放。科学——体系的建设要符合学生成长的规律和学科发展规律,要循序渐进;实践——关注学生在亲身参与中获得积极的体验;开放——关注课程内容的开放和学习空间的开放,最大限度地利用好社会资源,将学生的学习空间由教室内扩展到教室外。

(一)三级课程体系建设

1. 做"实"基础型课程

关注国家课程校本化实施,体现学科育人功能。国家课程是国家教育行政部门规定的统一课程,它体现了国家对学生素质的基本要求,是国家意志的体现。

(1)在完成国家课程(学科)的基础上,适当嵌入地方课程和校本课程内容,实现国家课程的有效延展。对国家课程进行二次开发,使之更符合学生、学校的特点和需要,减去了重复学习的时间,提高了学习效率。

(2)关注一个学科内部课程资源的有机整合,最大限度地落实课程目标。教师作为课程的实施者和建设者,为了更好地落实课程目标,应该具有合理整合课程资源的权利、义务和能力。为此,学校依据课程目标、教材特点、学生基础,在一个学科内部进行课程资源的有效整合,提高实施效益,最大限度地落实课程目标。学科内部的整合关注学生的学习基础,保证整合的计划性与序列性;以教材内容为蓝本,找准整合点,有机地整合拓展,提高实效;深入研究常态课堂,明确改革思路,以高质量的常态课程保障整合效果。

2. 做"精"拓展型课程

提升学生综合素质,彰显学校特色的拓展型课程是在国家课程的基础上,依据学校办学理念和培养目标以及学生实际需求拓展、延伸、补充而开发的校本课程。它面向全体学生,是彰显学校办学特色最重要的载体。

拓展型课程的系统化和多元化,丰富了学生的学习经验,延伸了学生的学习空间,开阔了学生的视野。学校通过课题引领、项目开发、专家指导、教师推进和研修改进等致力于开发和实施学校学科拓展型课程。

(1)开发学科拓展型课程并形成体系。学校在国家课程的基础上,进行二次开发,构建拓展型校本课程体系。

(2)开发综合实践类课程,形成品牌课程。综合实践类课程是在综合实践课程基础上开发实施的,课程不以掌握某一类知识为目标,而是强调对学生综合素质的培养。课程主要包括:①基于问题的研究性学习,依托主题研究,学生在教师指导下发现问题、研究问题、解决问题,初步了解研究的过程,培养学生的问题意识和研究意识;②社会实践活动,实践活动注重学生的体验,让学生在参与、经历过程中获得丰富的情感体验,形成积极的生活态度,养成良好的行为习惯,提高适应和参与社会的能力。

3.做"亮"特长型课程

关注学生个性发展,特长型课程以社团和传统兴趣活动形式开展,面向学有所长的学生,促进他们的兴趣特长。把活动课程化,可以对活动进行系统的思考和规划,通过活动落实学科课程的生活性和实践性,激发学生对课程的兴趣,促进学生的多元发展。同时通过课程提升活动的价值和意义,使活动的时间和效果得以保证,扩大育人的实施效力。

(二)三级课程体系建设保障措施

(1)组织保障:为了确保课程建设各项工作顺利进行,学校成立以校长为第一负责人的学校课程建设领导小组。负责对学校新课程实施做出正确的决策和部署,把握课程实施工作的方向,协调实施工作中的各种关系,确保学校课程建设人力、物力、财力的各种基本保障。

(2)政策和制度保障:对参与课程实施有突出贡献的教师,在确定教师工作量、职称评定、聘任、评优、评先等方面给予优先考虑,为课程实施提供充分的支持。学校在管理和指导课程改革实施中建立相关制度,用制度来规范操作,用制度来加强管理。如行政例会制度、教学研讨制度、教师培训制度、评比奖励制度、家校协作制度等。

(3)经费保障:设立课程实施专项经费,每年拨付相应的款项用于课程实施的有关活动,确保经费落实,努力满足课程对教学设施和办学条件提出的要求,为课程实施的顺利进行提供必要的物质支持。

(4)舆论导向:学校通过多种渠道和形式,向家长广泛、深入宣传学校课程建设以及特色课程开设的目的、意义、内容及阶段成果,努力营造有利于国家、地方,尤其是校本课程实施的良好社会氛围,争取教师、家长和社会对课程实施工作的理解和支持。

二、营造知识对接心灵的课堂文化

(一)教师对知识的把握是实现知识对接心灵的基础

教师具有的学科知识是胜任教育教学工作的基础性知识,也是让心灵变得丰富和深刻的基础。一个教师对学科知识的认识,不仅决定着教师理解、驾驭教材的能力,还决定着教师参与课程开发的能力。更重要的是,只有教师具有丰富的学科知识,才有可能去创造一个真实、深刻和丰富的课堂,才能给学生以广博的文化浸染,让学生的心灵可以自由舒展、个性可以充分张扬。

在把握学科知识方面,教师应侧重了解知识的产生过程、知识之间的相互联系和整个知识体系框架,从中去理解学科知识本身的思维形式和思维方法。每一门学科都不只是知识和方法的简单汇聚,每一门学科在给予我们知识和方法的同时,更以学科文化的姿态改变人类的思维方式、开阔人类的视野、丰富人类的精神世界、增进人类的本质力量。教师还应掌握学科所提供的独特的认识世界的视角、界限和层次,甚至包括学者、科学家身上展现出的科学精神和人格力量。这对于增强学生的精神力量和创造意识具有重要的、远超过学科知识所能提供的价值。当教师将这些融入课堂时,会使教学更有文化的味道,让教学文化传承精神、启迪生命。

(二)逻辑的教学设计是实现知识对接心灵的保障

逻辑反映的是一种思维规律。课堂教学往往蕴含着很多的逻辑,如所学知识的逻辑、学生学习的逻辑、教师教学的逻辑等。每一节课都是教与学的有机统一,因此强调教与学两者逻辑的统一非常有必要。学的逻辑回答的是学什么、如何学的问题,也就是要完成的学习任务及具体的学习方法。教的逻辑回答的是怎样学的问题。教与学并不是割裂的,其最终目标是一致的:使学生在学习知识的过程中感受人类智慧的力量,体验思维的快乐,增强对自然、对人类的情感,从而形成完整的人格。

教的逻辑应当与人类的基本思考方式一致。这样的教学设计不仅考虑到学生的学习过程是一个由简单到复杂、由具体到抽象的逻辑过程,而且遵循了人类的认知规律。因为人类也是先在生活中发现一些现象,然后对这种现象进行探究并提炼观点。教师只有重视知识传授过程中的逻辑性,才能使学生在知识的内化过程中得到潜移默化的逻辑思维训练,这一方面使得知识的内化更加扎实,另一方面使学生在构建自身知识结构、形成认识问题的方式和方法中,保持思维的连续性、灵活性和确定性,从而使人类文化的传承变得更加自觉,并不断创新、发展。

(三)课堂是实现知识对接心灵的主要途径

作为教育教学主要阵地的课堂,是实现知识对接心灵的主渠道。知识对接心灵的课堂,应该是充满智慧的课堂呈现和唯美的互动学习,从而营造变化、灵动、诗意与富有创造性的课堂氛围。

(1)智慧的课堂呈现。知识对接心灵的提出表明教育过程不是一个简单的知识"转运"过程,而是一个复杂的、充满活力的知识"改造"过程。对任何知识的理解、掌握总需要经历一个过程,因为过程给了学生思考梳理、用实践印证的机会。许多新的探索、新的认识也在过程之中得以重构,这就需要教师依据学生不同的认知特点,采用多种方法呈现学生学习的材料,为学生的学习创造出能够引发认知冲突和学习思考的情境与能够激发学生乐于参与、关注和活动的"情",并引导学生浸润于探索、思维和发现的"境"。

(2)唯美的互动学习。知识对接心灵的课堂学习是一个以知识为载体,在师生互动、生生互动中实现的一种生命历程。这种历程,是在教师的引导下,学生个体以自己的方式不断完善自己的认识结构,不断完善个体与世界、与他人、与自然相互关系的过程。这个过程是尊重学生个体感受,引导学生个体在知识的学习过程中完善自己,成为最好的自己的过程。

三、迈向卓越的学校行为文化

学校应践行"以人为本"的管理思想,人本思想就是以关心人、尊重人、激励人、发展人为根本的思想。以人为本的思想中,"人"是多元的,既包括管理者,也包括被管理者,还包括管理的人文环境。在学校,学校的领导、教职工、学生、家长和社区成员都会对学校人本管理的质量产生重要的影响。

(1)教师行为文化——同心协力,和谐相处。教师行为文化作为一种职业性的群体文化,是教师文化的一部分和显性表征。作为一种显性存在的教师文化类别,教师行为文化不仅是教师专业化的一个重要方面,而且对学生的影响也是直接的。师德是基础,抓好师德才能促进教学工作良好开展。

(2)以养成教育为核心的学生行为文化。学生行为文化是学生在学校活动中所表现出的特有的价值观念、思维方式、行为规范等,是良好学风、校风形成的基石,是学校文化的重要组成部分。良好的行为习惯培养是行为文化建设的一个重点。教育的核心是培养人的健康人格。任何一种良好的习惯,都必须有意识地培养才能养成,是通过训练、强化形成的。学生良好行为习惯的养成,必须依赖于一套行之有效的行为规范来作保证。

第一,强化爱国主义教育,践行社会主义核心价值观。爱国是社会主义核心价值观中社会层面内容之一。作为教师要把社会主义核心价值观融入教育、教学工作当中。

第二,加强道德规范教育,规范学生日常行为。将学生基本道德规范具体化、系列化,适应社会、时代对人的道德素质要求,充分体现德育在全面实施素质教育中的核心地位和在学校工作中的引领作用。

同一教育目标、内容在不同年龄的教育要求、方法、手段上有不同的侧重点。高年级学生的道德感逐渐转化为内部的、主动的、自觉意识到的道德体验,因此,应侧重运用"自省提升"的方法,引导学生依据一定的道德原则、规范、榜样人物,约束、规范自我,激励、提升自我。一个教育要求可以运用多种教育方法和手段的结合来实现。人的品德形成和发展要经历两个过程:一个是理性化的过程,即形成道德认识的过程;另一个是社会化的过程,即在社会交往和社会合作过程中需要扮演各种角色,处理个人与他人、个人与集体的各种关系,从中习得社会公认的道德规范。因此,在对学生进行道德规范教育的过程中,应该注重教育形式、教育方法和手段的多样化。

教师在对学生进行道德规范教育时可以采取以下方法:①环境熏陶法,即教师充分利用班级文化资源,营造良好的班级环境氛围,构建和谐的人际关系,使学生的道德品质得以升华。②榜样示范法,即通过他人高尚的思想、模范的行为启发、感染学生。③教育疏导法,即通过摆事实、讲道理、因势利导、循循善诱等方法,使学生形成正确的道德认知。④评价督导法,即对学生的认知、情感、言行等方面进行总结和评价,帮助学生正确认识自己,引导学生提高、完善自我。

对学生进行道德规范教育可以提高教师的育人素养。在进行基本道德规范序列教育过程中,首先是教师的示范作用。教师更加注重自身的仪表、言行举止,深刻认识到以身作则、为人师表方能服人服心。教师应努力以高尚的情操、健康的人格塑造学生,引导学生全面发展。对学生进行道德规范教育还可以提高学生的文明道德素养。道德规范教育明确各年级的教育目标要求,教师要帮助学生明确自己应达到什么样的道德规范要求,同时形成学生之间的互相监督、互相制约、自觉规范、自我约束(自律)。

(3)通过心理教育促进学生心理健康发展。良好的心理素质是优良思想品德形成的基础,是有效学习科学文化知识和进行智力开发的前提,是引导学生正确交往、合作成功的重要手段,是促使学生掌握劳动技能的保证,是促进学生身体健康的必备条件。

心理教育在各年级的要求也是不同的,应将心理健康教育全面渗透在学校教育的全过程。在学科教学、各项教育活动中,注重对学生心理健康的教育,这是心理健康教育的主要途径。与此同时,学校可以与专业机构合作,对特需学生进行脑体综合训练,促进学生大脑认知能力、身体运动能力和沟通社交能力的发展,帮助学生获得更多健康、快乐和自信。学生发展中心经常关注特需学生的情况,多次与学生、家长和任课教师沟通,并及时记录、梳理,共同解决特需学生的棘手问题。

(4)组织系列主题活动,促进学生全面发展。通过这些活动,结合时代特点,突破传统育人模式,打破学科壁垒,将教育、教学进行有机整合和有效融合,更好地落实学校相关的德育纲要中的目标。

对一个人而言,优秀不是一种行为而应是一种习惯;对一所学校而言,优秀不是一时的展现,而是一种风气、一种精神,也就是一种文化。学校行为文化的实践,致力于研究提高其效率的途径和方法,并内化为师生的理念信仰和行为准则,达到文化层面的沉淀。以学生养成教育为核心的学生行为文化,是在努力践行学校育人理念,其宗旨是一切为了学生的发展。

第五章 新时代高校实践育人体系构建

第一节 高校实践育人概述

一、高校实践育人的含义

高校实践育人是基于马克思主义实践观和中国传统文化的知行合一观,以育人为根本出发点,以立德树人为根本任务,遵循大学生成长成才规律和教育活动规律,坚持教育与社会实践相结合,基于实践并向实践开放,根据社会需要培养全面发展人才的一种新型育人方式。实践育人以学生课堂上获得的理论知识和间接经验为基础,以激发学生课外自我教育和相互教育的热情与兴趣为手段,以开展与学生全面发展密切相关的各种导向性、应用性、综合性的教学活动和实践活动为途径,旨在提高学生综合素质,引导大学生坚定跟党走中国特色社会主义道路的理想信念,不断增强他们服务国家服务人民的社会责任感、勇于探索的创新精神、善于解决问题的实践能力,使其自觉成为中国特色社会主义的合格建设者和可靠接班人。

实践育人是我国高校教育理念的重要组成部分。随着社会的发展和人们认识能力的提高,高校实践教育的地位和价值越来越受到人们的重视。中央16号文件《中共中央 国务院关于进一步加强和改进大学生思想政治教育的意见》指出:"社会实践是大学生思想政治教育的重要环节,对于促进大学生了解社会、了解国情,增长才干、奉献社会,锻炼毅力、培养品格,增强社会责任感具有不可替代的作用。"进一步明确了社会实践在高等教育中的重要地位,也确立了实践育人是高校思想政治教育的重要手段。2012年1月10日,教育部等七部门共同颁布《教育部等部门关于进一步加强高校实践育人工作的若干意见》,把高校实践育人工作推向了一个新的高度。

二、高校实践育人的特征

高校实践育人是对教育活动中的主体和客体统一于教学实践活动的再思考,是教育的时代特征与教育价值追求的辩证统一,现将其特征归纳为如下几方面。

(一)实践性

高校实践育人作为一项教育实践活动,要求全校师生共同参与,本质属性是实践性。

《国家中长期教育改革和发展规划纲要（2010—2020年）》指出："全国贯彻党的教育方针，坚持教育为社会主义现代化服务，为人民服务，与生产劳动和社会实践相结合，培养德智体美全面发展的社会主义建设者和接班人。"这说明教育的实践性恰恰是马克思主义最重要的理论品质，这就要求教育活动必须从实际出发，将理论与实践相联系，实事求是，实践出真知。国内和国际形势正在发生重大变化，所以建设一支具有高素质、强能力和高品德的队伍对国家而言十分重要。当代大学生若想很好地适应社会需求，真正掌握所学的理论知识并造福于社会、国家和人民，其关键在于实践，要从实践和经验中学习。高校培养人才的根本途径是将知识转化为能力、精神和品格，而这恰恰是成长的决定性因素之一。我国各地教育工作者的教育实践也充分证明，学生只有了解社会，融入社会，增强社会责任感，为国家服务，为人民服务，才能在实践中巩固、检验和掌握所学到的东西，才能在实践中积极运用所学的理论知识，增强解决实际问题的能力，获得进一步的发展机会。

（二）主动性

促进大学生整体发展和自我实现的出发点与归宿是高校实践育人。重视大学生自我教育、自主参与和自我价值发展，确立和保障学生的实践主体地位是高校实践育人的价值理念和工作原则。高校实践育人应充分尊重大学生的主体地位，激发大学生主体的发展欲望，在大学生的现实、成长和发展的基础上，发挥大学生主体的主观能动性和创造力，使之自觉地将外在的社会规范、要求内化为自身的成长需要、发展需要，从而在内心获得一种提升境界、完善人生的自动力。

（三）整合性

高校实践育人的目的是培养实践能力，其途径是实践，指向人全面发展的育人模式、育人理念和育人实践的整体，涉及课堂内外、校园内外等因素，高校实践育人是一个开放、复杂的体系和系统。因此，为了实现育人目标，达到育人效果，在高校实践育人体系中，作为实践育人的主要实施主体，高校积极采取各种措施和方法，使各方面的力量和资源得到合理的整合和优化，使相关要素达到最佳状态，发挥最大的育人效能。

（四）开放性

高校实践育人将教育形式由封闭转为开放。顶层设计不仅讲究理论与实践相结合，还要求将校内外实践进行有机结合，另外，在形式上实现了教育时间、教育空间和教育内容及师生关系的全面开放。高校实践育人在教育时间方面的变化是由课内延伸向课外，在教育空间方面的变化是由教室拓展到实验室、图书馆和教学实践基地等，在教育内容上的变化是由教材扩充到生产应用实践等方面，在师生关系方面的变化是由单向的教学关系转变为师生相互学习、相互促进和共同参与。开放式的教育体系可以提高学生自主创新创业的能力、运用所学知识解决实际问题的能力，以及适应社会团结合作的能力，等等。

三、高校实践育人体系的构成要素

瑞士著名心理学家皮亚杰曾指出："认识既不是起因于一个有自我意识的主体，也不是起因于业已形成的会把自己烙印在主体之上的客体，认识起因于主客体之间的互相作用。"根据学生的成长成才规律与高校实践育人工作的运行要求，高校实践育人体系可分为高校实践育人的主体、实践育人的客体，以及实践育人的中介三个部分。

（一）高校实践育人的主体

高校实践育人的主体包括实施主体、参与主体及主体间的关系。高校是实践育人的实施主体，是育人过程的组织者、设计者和领导者；学生是实践育人的参与主体，是学习过程的参与者、创造者和实施者。二者都是独立平等的主体，具有主观能动性、自主性和创造性。在实践育人中，二者是一种平等互动的关系，是相互联系、相互依存、相互尊重、相互影响、共同发展的。

（二）高校实践育人的客体

高校实践育人的客体是高校实践育人活动所指向的对象，即培养什么样的人。实践育人的最终目的和本质要求是实现人的全面发展。在实践中，高校把"做人"教育与"做事"教育有机结合起来，充分安排大学生参与教学和实践的时间和空间，发挥他们的主动性、积极性和创造性，使他们在改造世界中获得自我认知、自我发展和自我价值实现，成为中国特色社会主义事业的合格接班人。

（三）高校实践育人的中介

高校实践育人的中介是实践育人体系的运行系统，指向"怎样培养人"和"为谁培养人"，是实践育人的过程、模式、环境、机制等要素的总和。

（1）高校实践育人过程一般分为五个阶段，即价值理性阶段、实践理性阶段、内化阶段、外化阶段和评估强化阶段。价值理性阶段是确定实践育人的目标与内容，主要解决"培养什么人"和"为谁培养人"的问题。实践理性阶段是选择实现育人目标、实施教育内容的主要途径与方式、方法，主要解决"怎样培养人"的问题。内化阶段是把实践育人目标和教育内容作用于大学生，使大学生在多重因素的综合作用下，有选择地接受这些教育影响，并转化为个体内在的意识和动机。外化阶段是大学生将自身的理性认识、情感倾向与信念转化为行为实践，并成为习惯，直至强化为思想品质。评估强化阶段是塑造大学生行为习惯，保持其行为强度，并形成稳定心理品质的重要阶段。

（2）高校实践育人模式主要将实践育人的经验总结为可复制和可推广的范式。我国高校实践育人模式通常包括高校与社区共建模式、项目化运作模式、基地化模式、校企合作模式等。高校与社区共建模式基于自主性、自愿性、互利性和非营利性原则，通过对高校和社区进行互动与共建，可以将两者的优势资源进行共享和互补，从而得到双赢，常见形式包括挂职实践、"四进社区"（即科学进社区、文体进社区、法律进社区和卫生进入社区）等。项目化运作模式是对高校实践育人资源进行优化整合的一种系统管理方法，以项目为核心，项目分析和设计围绕高校实践育人进行，通过对项目的实施与成果评价，对项目运作进行阶段性调控，从而保证项目成果得到完善。基地化模式可以保证大学生的社会实践得到制度化和长效化发展，设立的学生科技创业实习基地主要依托高新技术产业开发区、大学科技园或其他园区,基于教学联系的紧密程度,按照由高到低的顺序大致分为实践教学基地、实习实训基地和暑期社会实践基地等。校企合作模式主要是指学校和企业进行合作,以创新教育为引导,通过合作建立产学研创新基地、改革相关教学活动、联合组织学生技能竞赛等途径,培养学生的创新能力。

(3)高校实践育人环境是指影响和制约实践育人过程的客观存在,是影响实践育人效果的各种因素的总和,是以实现高校育人、促进大学生全面发展的需要而营造出来的育人环境。高校育人环境主要由高校实践育人参与主体所在的校园环境和社会环境组成。校园环境包括物质环境、制度环境、行为环境与心理环境等因素;社会环境既包含政治、经济、文化环境等宏观环境因素,又包含家庭、校园周边环境等生活环境因素,也包含媒介、网络虚拟等媒体环境因素。这些因素相互联系、影响和渗透,形成合力,组成一个复杂且动态的高校实践育人系统和环境。

(4)高校实践育人机制是指在高校实践育人系统的内部结构与外部系统结构中的各构成要素相互联系、相互制约、相互作用的结构方式、运行方式与功能耦合效用。高校实践育人的机制具有合目的性(价值导向性)、合规律性、系统整合性、动态发展性(时代性)和创新性等特征。高校实践育人机制的结构要素可以分为以下几类:①四要素说,即由高校、大学生、实践育人环境和育人媒介组成;②五要素说,即由高校实践育人的目标指向和高校实践育人中人的因素、环境的因素、时间的因素和信息的因素组成;③八要素说,即由高校实践育人主体、目的、运行动力、运行环境、过程控制、运行方式、运行程序和运行保障组成。

第二节　高校实践育人的主要类型

根据高校实践育人的开展形式和目标,高校实践育人可分为七种类型。

一、引领型实践

引领型实践是指,在高校实践育人过程中,以理想信念教育实践为目标,培养大学生树立正确的信仰观和思想导向,从而提高大学生的责任感、使命感和思想道德修养。引领型实践活动育人主要包括:思想政治素质教育活动、大学生党员党性实践活动、以重大节日和热点问题展开的教育活动、理想信念和社会主义核心价值观教育活动、各级党校教育活动等。如复旦大学本科生"笃志"计划、上海交通大学"全国大学生文化素质教育基地"、吉林大学邓小平理论研究会、安徽滁州学院习近平新时代中国特色社会主义思想研究会、华东理工大学三级党校、学生党员党校生锻炼机制等。

根据当今的时代特征和当代大学生的特点,引领型实践将大学生的个体发展要求与理想信念教育的目的和内容进行结合,以帮助大学生树立正确的思想方向,使他们的个人理想与建设中国特色社会主义的共同理想相融合。把大学生的"成才梦"与"青年梦"、国家"富强梦"进行结合,为实现中华民族的伟大复兴贡献自己的一分力量。

二、教学型实践

教学型实践是指,在高校实践育人过程中,将课堂教育教学实践作为主要目标,不断提高大学生的专业发展能力,使专业知识吸收与转化得到进一步加强。这类实践活动主要包括课堂教学实践活动(课堂讨论、技能型竞赛、模拟活动和主题论坛等)、专业实习见习活动、社会调查活动等。例如,上海大学大学生骨干理论研习营、全国大学生机械创新设计大赛、全日制工程硕士研究生实践学习计划、华东理工大学社会学院社工专业在香港实习项目、上海市大学生理财规划大赛、阜阳师范学院未来教师技能大赛等。

作为理论教学的补充与延伸,教学型实践具备很强的操作性和直观性,具体包括实习和实训、课程设计、课堂教学实践、实验教学、社会调查、毕业论文(设计)等形式。利用已有的知识、经验和能力解决学习、生产和生活过程中的实际问题,并在这个过程中接收信息、接受考验、接受锻炼,使自己的情感、态度、意志、个性、认知水平、自主性、创新性等都受到影响和触动,在原来的基础上得到培养和提高。

三、服务型实践

服务型实践是指,在高校实践育人过程中,将各种志愿服务活动作为主要目标,注重培养大学生的服务意识和奉献精神,增加大学生学习机会,从而提高大学生的精神境界,使大学生的业余生活更加丰富多彩,同时大学生也得到全面发展。这类实践活动主要包括各种大型志愿服务、公益服务活动、社区科学知识普及服务等。例如,2008 年北京奥运会志愿者服务活动、2010 年上海世博会志愿者服务活动、上海科技馆志愿者服务活动、华东理工大学科学商店实践活动和华南理工大学的"西部放歌"志愿服务活动等。

《关于进一步加强和改进大学生社会实践的意见》提出:"大力倡导大学生参加志愿服务等公益活动,引导大学生运用所学知识和技能服务人民,奉献社会,培养为人民服务的道德观,弘扬社会主义道德风尚。要拓展社会服务的新领域、新载体、新形式,鼓励大学生参加志愿服务西部计划、贫困地区支教计划、青春红丝带志愿行动等活动。"众多高等院校正在认真贯彻落实文件精神,并且组织大学生积极参加各种类型的志愿服务活动、公益活动和社区科学知识普及服务等一系列实践活动。这一系列的服务型实践活动能够使实践的育人功能得到充分发挥,从而为培养具有奉献精神和服务意识的新一代大学生做出不懈努力。

四、认知型实践

认知型实践是指,在高校的实践育人过程中,以社会调查和文化艺术类实践为主,旨在提高大学生的认知能力和文化内涵,培养大学生高尚的道德情操,促进大学生素质的全面发展。这些实践活动主要包括各种社会调查研究活动、文化艺术实践活动等。例如,结合基层群众的实际需要,开展文化科技卫生"三下乡"大学生暑期志愿者服务活动、高雅艺术进校园、"我爱读经典"学生人文经典阅读项目等。

长期以来,大学生自发组织了大量的社会研究活动,同时形成了一系列特色项目和品牌活动。这不仅可以加深他们对社会的认识,还可以使他们的能力得到充分发挥。各高等院校的文化艺术实践活动丰富多彩,文化艺术实践活动中有很多极具特色的项目品牌,大学生可以选择不同的途径积极投入各种文化艺术实践活动。

五、创新型实践

创新型实践是指,在高校的实践育人过程中,以各类创新创业活动作为提升大学生科学精神和创新能力的主要方式,变革大学生的学习方法,塑造大学生的意志品质的实践活动。这种实践主要包括各类科技创新活动、大学生创业活动等。例如,上海大学生节能减排创新行动、上海市高校大学生创业天使基金会资助培育活动、挑战杯大学生创业竞赛、复旦大学的科创行动、华东理工大学 USRP 大学生创新实践活动等。

目前,我国正在努力扩大大学生参加科技创新活动的规模。国家和高等院校不仅为学生提供了学术活动的基本平台,而且为科技创新活动提供了各种学术和技术竞争的平台。大学生参加科技创新可以为社会贡献自己的一分力量。为了支持大学生创业,国家和各级地方政府不仅出台了大量扶持政策,而且建立了创业投资基金和创业基地。这些都为大学生提供了创业培训和创业服务,并取得了显著成果。

六、职业型实践

职业型实践是指,在高校实践育人的过程中,将职业体验类活动作为主要内容,这不仅可以培养大学生和初入职场人员的工作能力,还可以帮助他们积累工作经验,加快他们的社会化过程,从而能够寻求与职业共同发展的社会实践活动。这些实践活动主要包括:各种工作学习活动、职业培训活动、挂职锻炼等。例如,阜阳师范学院大学生创业实践大赛、上海高校实施的"青年职业见习计划"、上海大学生暑期实践活动、上海交通大学勤工助学工作等。

根据其参与对象可分为在校大学生参与的职业型实践活动、毕业生参与的职业型社会实践活动及在校大学生和毕业生共同参与的社会实践活动三类。在校大学生参与的职业型社会实践活动主要包括各种勤工助学活动和挂职锻炼,毕业生参与的职业型社会实践主要包括"大学生村官"计划和"三支一扶"计划,而就业见习活动是大学生和毕业生共同参与的职业型社会实践活动。

七、自治型实践

自治型实践是指,在高校实践育人过程中,借助各种平台(学生生活园区、各类学生组织和网络社区等)提高大学生的综合素质以及自我管理能力与意识,达到促进大学生个性发展的目的。这种实践活动平台主要包括各种高校学生组织、学生生活园区、各种网络虚拟社区等。例如,各高校学生自治会、学生代表大会、各类学生社团、上海大学网络社区创新——"更新换代"、高校网络论坛、华东理工大学社区书院等。高校学生组织是由学生组成的,其主要是用于学生的自我服务、完善和管理以及辅助教学的组织。它由学生组成,服务于学生,维护学校方面的利益,能够推动学校的顺利发展,切实表达和保障学生的切身利益。

第三节　高校实践育人与高校思想政治教育的关系

高校实践育人可以让青年学生了解国情,培养学生的创新精神及为社会作贡献的精神,提高学生的社会责任感。高校思想政治教育的实质是改造人的主观世界,提升人的思想境界和道德品质,并帮助人们提高改造客观世界的效果。因此,实践教育与思想政治教育相辅相成,密不可分。

一、高校实践育人是高校思想政治教育工作的重要环节

《中共中央　国务院关于进一步加强和改进大学生思想政治教育的意见》提出,加强和改进大学生思想政治教育的基本原则之一——结合社会实践。实践教育是高校思想政治教育的重要组成部分,对思想政治教育工作起着重要的作用,而且是提高高等教育质量的切入点。这主要体现在以下三个方面。

(一)凸显思想政治教育的目标

1999 年颁发的《关于加强和改进思想政治工作的若干意见》进一步确定了高校思想政治工作的任务,即"学校的思想政治工作要围绕培养社会主义合格的建设者和接班人的根本任务来进行",把培养"四有"新人作为社会主义教育事业的目标。实践育人对培养大学生的"四有"品质具有重要作用。实践育人工作的展开恰恰是高校思想政治工作落实培养"四有"新人目标的表现,进一步践行了党的教育方针。实践育人工作的开展,彰显了我国思想政治教育和人才强国战略的宗旨,对增强综合国力具有重要作用。

(二)拓宽思想政治教育的渠道

为了实现 21 世纪社会主义现代化"四有"新人的培养目标,思想政治教育要改变传统的教育方式,扩大育人渠道,让学生愉悦地接受和认可。之所以说实践育人是高校思想政治教育的重要组成部分,是因为实践育人是 20 世纪 80 年代高校思想政治教育开辟的新渠道,它将教育内容寓于活动之中,使大学生在实践中接受教育,应用所学,提高觉悟。

几十年的经验表明,教育工作者的实践对思想政治教育产生了巨大的影响。这是一个神奇而有趣的教育场所。在实践开展的过程中,能开发出隐性教育、感受教育、自我教育、同辈群体教育、网络教育和社会教育等子渠道,使思想政治教育向纵深方向延伸,让每一个大学生都能在这片绿地上欢歌载舞。

(三)整合思想政治教育的资源

马克思主义哲学表明,实践是知识的源泉。生动的实践活动是思想政治教育理论的重要来源。思想政治教育理论作为适用于科学的理论具有与时俱进的特点。而与时俱进、完善更新并不能在闭合空间里完成,"封闭即退化",应当通过实践育人这个开放的窗口,把握大学生思想发展动态,迎接挑战,放眼世界,更新资源。思想政治教育好比深不可测的"古井",而实践育人正是源源不断地给它输送了"生命的活水"。灌输教育可利用的思想政治教

育资源极少,属于"静态思想政治教育"。然而,实践活动最大限度地调动了思想政治教育资源,使思想政治教育自然资源、社会资源、组织资源、教育资源、文化资源、科技资源、信息资源等得到充分整合与开发,使得构建"动态思想政治教育"成为可能。

二、高校思想政治教育是高校实践育人有效开展的重要保证

思想政治教育是一切工作的生命线。深入开展实践育人工作是新形势下高校思想政治教育的有效途径。实践育人源自思想政治教育,不能摆脱思想政治教育,应当在思想政治教育的指引、融合下,完善、摸索实践育人工作。如今,实践育人越来越多地走出教室,走向社会,甚至走出国门。在这种情况下,更需要加强思想政治教育对学生的指引,引导我国青年人健康成长。

(一)确保实践育人的正确方向

思想政治教育是实践育人有效开展的重要保证,这首先体现在思想政治教育的主体作用上。它始终把实践活动指向教育者寻求的方向,开展实践活动,纠正偏离正确方向的做法,确保教育在预期方向上发展,实践活动为教育工作者带来理想的结果。

"方向"和"旗帜"涉及培养什么样的人的根本问题,关系到培养出的人走什么道路、跟谁走的问题。长期以来,全国高校始终把正确的政治方向放在首位,始终围绕党的中心工作确定自己的教育任务和教育方针。进入21世纪后,全国各地高校始终坚持"越是改革开放越是加强高校思想政治教育",一直坚持用马克思主义中国化最新成果来武装学生,把握住了马克思主义在意识形态领域的主导地位,确保了实践育人朝着社会主义方向迈进。

(二)为实践育人工作提供理论支持

思想政治教育在实践育人理论指导下的作用取决于实践与知识的关系。马克思主义哲学认为,认识在实践中具有主导作用。人类的实践与动物本能活动不一样,人类的实践需要科学知识为指导,没有任何理论指导的实践是盲目的实践。在科技快速发展的当今社会,认识实践活动的导向、预测、规避、促进作用变得越来越重要。正确的理论支持会使实践顺利进行,并取得理想的效果。当错误的理论支持实践时,会带来负面影响,甚至造成破坏性影响,导致实践失败。实践作为主观之于客观的活动,本身就包含着认识的因素,需要以正确的认识作为理论支撑。

只有以科学的思想政治教育理论来充实实践育人理论,指导实践育人工作,才能使实践育人工作达到较好的效果,否则培养"四有"新人的目标只能束之高阁。思想政治教育通过直接作用于大学生、教师的精神世界,通过对大学生、教师的认识产生影响从而作用于实践育人活动。思想政治教育理论、实践育人理论都是大学生实践活动的理论基础。因此,思想政治教育作为实践育人中的一根主线,是开展大学生实践育人活动的重要保障和理论支撑。

(三)确保实践育人获得真实效果

只有掌握了思想政治教育的理论知识和本质,思想政治工作者才能安排和设计出真

正帮助学生、关心学生的以学生为本的教育政策。没有对思想政治教育理论知识和党的教育政策的正确认识,就不可能把握教育的本质,从而实现大学生在教育实践中的健康成长。目前,学者对如何提高实践教育的实效性进行了大量的研究。研究主要集中在内容开发、机制建设、基础设施建设和团队培训等微观行为方面,确实发挥了不少作用,实践育人也引起了社会各界的广泛关注。但总的来看,创新层面、根源层面和其他宏观、前瞻性方面的讨论较少。笔者认为,外部因素通过内部因素才能起真正的作用,而教育者要想取得真正的成果则不是一日之功,需要长期作用于大学生、教师、社会工作者的主观内在,达到潜移默化的效果。而能够实现这一伟大工程,便是拥有创新品质和开放视野的大学生思想政治教育。

三、思想政治理论课实践教学与大学生社会实践的区别与联系

一般认为,大学生社会实践的出现早于思想政治理论课的社会实践。自 1983 年以来,团中央、全国学联就开始发起大学生利用假期搞社会调查、勤工助学、挂职锻炼等一系列社会实践活动。1987 年颁布的《中共中央关于改进和加强高等学校思想政治工作的决定》强调,青年学生只有在学习科技文化知识的同时,积极参加社会实践,才能成为有用的人才。此后,中央联合发文,将高校学生参加社会实践作为重要的培养环节纳入教育计划。20 世纪 90 年代以后,大学生社会实践活动与青年志愿者活动结合起来。此外,共青团在大学生社会实践中起到了积极的带动作用。21 世纪,胡锦涛在清华大学百年校庆中仍然强调希望青年学生将创新思维和社会实践结合起来。可见,大学生社会实践已成为我国高校常抓不懈的重要任务。

思想政治理论课作为一门学科理论体系的建设,是在 20 世纪 80 年代初提上日程的,而思想政治理论课实践教学则是 20 世纪 90 年代才出现的概念,其初衷是为了改革高校传统的理论大班教学封闭、单一、僵化的旧模式,以适应时代发展的需要。随着思想政治理论课教学改革的深入发展,把思想政治理论课推向社会,增强理论教学的时代感和吸引力成为当务之急。在这种条件下,思想政治理论课实践教学应运而生。

(一)两者的区别

1. 两者在目标与本质上的区别

社会实践的目标是培养大学生分析问题、解决问题、克服困难和应对挑战的能力。这将促进大学生的全面发展。而思想政治理论课实践教学的目的是帮助学生激发兴趣、开阔视野,并认识到思想政治教育理论知识和社会实践的结合,从而优化大学生思想政治认识和强化大学生思想政治修养。二者目标的侧重点是不同的。

大学生社会实践活动是由共青团委员会发起的,它是教学计划及大纲之外的活动,也是对课程的补充。在大多数情况下,它被认为是"第二课堂"或"第二渠道"。思想政治理论课实践教学是高校思想政治理论课的重要组成部分,具有很强的方向性、思想性、课程性和研究性,它在本质上仍然是一种教学活动。

2.两者在范围和组织方式上的差异

在形式上,思想政治理论课实践教学包括课堂实践(研究实践和科研实践)和课外实践,而大学生社会实践活动主要指课外活动。二者从内容上看,思想政治理论课实践教学是围绕本课程展开的,相关内容设计是为了提高学生的马克思主义理论素养,而社会实践为学生提供尽可能丰富的艺术、娱乐、体育、科学、文化和社会方面的经历,内容十分广泛。

大学生社会实践通常是由院校团委牵头组织的,时间安排在寒假和暑假,分为团队和个人两种形式。组织部署的实践活动基本上是临时性的,学生具有高度的自由度。思想政治理论实践教学主要是由课程教师组织的,课程结构和实施标准相对固定。因此,思想政治理论课实践教学在教师指导、具体安排、后勤管理等方面跟大学生社会实践采用的不是一套体系。

(二)两者的联系

思想政治理论课实践教学与大学生社会实践虽然有许多不同,但二者都是实践活动,势必有着密切的联系。

(1)两者共存于高校思想政治工作中。在高校思想政治工作中,思想政治理论课实践教学和大学生社会实践是大学生思想政治和道德素质教育的重要手段和主要途径。要提高高校思想政治教育的实效性,两者缺一不可。思想政治理论教育在培养学生正确的世界观、人生观、价值观和高尚的道德素质方面有着强大的作用,是大学生学习和生活的基础教育,是其他学科所不能替代的。而大学生社会实践是补充学生课外知识,提高学生各方面素质和能力,加强学生社会化的有力手段。总之,两者都是高校思想政治工作的重要环节,共同存在于高校思想政治工作体系中。

(2)两者作为实践活动有共通之处。在思想政治理论课实践教学中,课外实践活动在实践内容和实践方式上都与大学生社会实践活动密切相关。例如,株洲大学在皖南革命老区开展的思想政治理论课实践教学活动,其实也是一种社会实践活动,这些活动的准备、部署和反馈非常相似,只是活动的主题和目的略有不同。除此之外,遵循大学生成长和受教育的规律、服务社会、了解社会、以贴近生活为目的的公益活动既可以运用于社会实践,也可以运用于实践教学中,高校思想政治理论课教师应认识到这一点,努力把二者结合起来。只有当一项活动达到两种目的时,教学成本才能降低。

(3)在发展趋势上,存在着两者相结合的趋势。首先,思想政治理论课实践教学是从大学生的社会实践中拓展和发展起来的。大学生社会实践的成功开展为思想政治理论课的开展提供了有益的参考。此外,随着市场经济和网络时代的不断发展,学生接触社会、了解社会、融入社会的需求也被提上了议事日程。因此,在课程建设方案中,教育部提出在优化课程内容的同时,积极引入和加强社会实践环节,构建理论与实践相结合的教学模式。两者在产生上有渊源,在发展过程中可以相互学习。其次,两者的结合是提高高校德育效果的需要。随着高等教育的逐步发展和人们对素质教育的日益重视,如何提高德育的实效性已成为一个热门话题。由于社会实践在促进大学生身心健康方面发挥着重要作用,社会各界都在积极地推进社会实践的发展。实践教学已被证明是目前最佳的改革方式,必须与大学生社会实践相结合,与培养优秀人才的需要相结合。

(三)两者的协调发展

新时期实现社会实践与思想政治教育相结合是提高社会实践有效性的有益尝试。通过对当前大学生社会实践现状的分析,发现大学生在社会实践方面缺乏思想政治教育的引导,思想政治理论课实践教学缺乏大学生社会实践的系统性、科学性。两者可以互相借鉴,取长补短。在了解了两者的定义、现状、区别和联系之后,如何实现两者的有机结合成为难题。目前、学术界对此并没有提出具体的、科学的对策,只是罗列了一些提高社会实践实效性的办法。笔者基于此,对两者的协调发展进行了思考。

(1)要相互借鉴,融合发展。随着大学生社会实践进一步朝着制度化、规范化、科学化方向发展,把大学生社会实践纳入思想政治理论课教学计划,"建立'受教育、长才干、作贡献'的社会实践课程体系越来越有必要"。

只有这样,才能保证大学生社会实践的有效开展,提高大学生社会实践效果,更好地落实大学生思想政治理论课实践教学,大学生社会实践可以学习思想政治理论课实践教学组织的严密性、系统性,考核的规范性,指导的全面性等特点,加强各个环节的思想政治教育工作,提高参与者(学生和教师)的政治素养和道德水平,端正其参与态度,加强对社会实践各个环节的理论指导,使社会实践朝着正确的政治方向发展并有坚实的理论支撑,社会实践才能更有保障、更有成效。

思想政治理论课实践教学可以借鉴大学生社会实践的灵活、多样、独立、自觉等特点,积极调动学生的参与意识和主人翁意识,借鉴社会实践的有益经验,丰富实践教学形式、内容。在整合社会资源和充分调动学生积极性的基础上优化组合,使思想政治理论课实践教学形成点和面结合、重点和一般结合、集中和分散结合的多样化教学模式,促进实践活动有效开展。

(2)要各有侧重,协调发展。从以上分析可知,两者目标的侧重点是不同的,所以我们应各有侧重地协调发展。思想政治理论课实践教学是课程的重要组成部分,这就要求严格区分大学生的社会实践,重点搞好课堂实践、研究实践及科研实践以引导和帮助大学生认同马克思主义理论和掌握马克思主义的立场、观点和方法,树立正确的世界观、人生观、价值观,为提高大学生的整体素质奠定坚实的理论基础。大学生社会实践应立足于全面发展,特别是能力的发展,因此在实践中不应弱化目标任务,只重视提高学生的素质,忽视了学生其他方面的发展。长此以往,学生会失去热情和自主性,造成不良后果。

(3)要虚拟实践,创新发展。我们可以尝试构建虚拟实践实现二者的融合,建立学校实践网站和微博,将大学生社会实践和思想政治理论教学板块进行整合,为学生和教师创造一个共享的实践平台,让他们关注学校社会实践的现状和成果,使社会实践变得生动有趣。教师和学生的集思广益、良性互动、定量科学分析能摸索出更多有效的实践形式。设立思想政治理论课实践教学实验室也是良好的尝试,实验室还能使实践效果看得到、摸得着,不再是走形式、走过场。

思想政治理论课实践教学与大学生社会实践相结合,无疑是一项复杂而艰巨的工程,需要各方高度重视,共同努力,长期探索研究,艰苦奋斗,才能早日形成高校健全的社会实践体系,确保每个学生健康快乐地成长。

第四节　高校实践育人的基本经验、新趋势和新思路

围绕高校增强和改革实践教学、提升大学生社会责任感和实践能力所形成的各个方面力量共同参与、共同发挥作用的高校实践育人共同体,是政府、高校、企业、社会等各个方面的力量依照"目标共同、机制共建、资源共享、责任共担"原则建立的实践育人载体。这种共同体建设,一方面体现为一种长效机制的构建,即将有利于高校推进实践育人的各种资源进行集结,并发挥共建机制的作用;另一方面体现为实践育人合力的凝结,即通过激发共同体组成各方的积极性、主动性和创造性,最大限度地促进共同体和共同体组成各方的共同发展,包括促进实践育人的科学发展。无论是政府引导、社会及企业支持,还是高校主导,共同建设实践育人共同体都是推动高校实践育人发展的必由之路。所以,要用心对高校实践育人的基本经验进行总结,正确把握实践育人共同体发展的新趋势,在此基础上科学推动实践育人共同体的创新发展。

一、高校实践育人的基本经验

各高校在推进实践育人的过程中,都积累了丰富的经验,形成了具有各自特色的工作模式。虽然不同模式有不同的做法和特点,但在目标的确定、内容的设计及过程的推进等方面具有一定的相同或相似性。认真总结这些相同或相似性,就可以形成高校实践育人的基本经验。

(一)以顶层设计为先导

高校实践育人的顶层设计是运用系统论的方法,从高校人才培养的全局出发,对包括实践教学、社会实践、志愿服务、公益活动和创新创业等实践育人活动进行统筹规划和制度安排。第一,目的性。即确定实践育人各项活动的目标、程序及过程设计等,如明确实践教学的学分与课时、明确实践活动的程序与步骤、明确志愿服务的标准与要求等。第二,关联性。即规定高校实践育人不是一项单独的活动,而是与学校教学管理过程中各种要素有效地进行融合,如在专业教学中增加专业实践,在思想政治教育中增加实践体验,在校园文化活动中增加社会实践,等等。第三,可操作性。即实践育人的目标要具有可实现性,实践育人的措施要具有可行性,实践育人的效果要具有可考核性等,例如有的高校出台实践教学管理办法、有的高校制订社会实践活动计划、有的高校组织进行创新创业实践成果评比等。

做好高校实践育人的顶层设计应从两个层面进行:一是政府教育部门应做好宏观政策的顶层设计,包括引导高校提高实践育人的思想认识,指导高校制订实践育人的教学计划,监督高校实施实践育人的推进情况,协调高校实践育人的利益关系,提供高校实践育人的保障条件,评估高校实践育人的教育效果等;二是高校应做好具体制度的顶层设计,包括如何在学分体系中增加实践育人学分,如何在时间空间上合理安排实践育人活动,如何在人、财、

物等方面保障实践育人活动的开展,如何在教师考核和学生评价体系中增加实践育人环节的考核评价,等等。

(二)以发挥教师主导性为重点

高校实践育人是高校人才培养中的一个重要环节,一方面是专业教学从课堂教学向实践教学的延伸,其目的在于教育学生将所学的理论知识运用到实践中去,从而提高学生的专业实践应用能力;另一方面是思想政治教育从"灌输"方式向"体验"方式的转变,其目的在于通过引导学生参与各项社会实践活动来内化学生对思想政治理论的自我认知,从而提高学生的社会责任感和社会实践能力。因此,教师在实践育人中的主导性作用,不仅表现为教师的实践教学能力,即教育学生在实践中学习和运用专业知识的教学能力,而且表现为教师的思想引导能力,即教育学生在实践中内化思想政治理论知识的引导能力。

当前,高校发挥教师在实践育人中的主导性作用必须做到:首先,要克服专业教师与思想政治工作者"两张皮"的现象,即专业教师往往只关注学生的专业实践表现,而较少关注如何通过专业实践去提高学生思想理论认识,或者专业教师往往只愿意参加专业教学环节的实践活动,较少愿意参加其他的社会实践活动等;同时思想政治工作者往往只重视组织学生参加社会实践、志愿服务、公益活动等实践活动,而对学生的专业实践、创新创业实践等活动关注和指导不够。其次,要着力提高专业教师的实践育人能力,既要鼓励他们不断地更新专业知识,创新实践教学方式方法,积累实践教学经验,也要鼓励他们在专业实践教学中关心学生的思想,关注学生的心理,关怀学生的成长。最后,要注重提高思想政治工作者的实践育人能力,既要鼓励他们引导学生传承优良的实践育人文化传统,也要鼓励他们引导学生不断创新实践育人活动的内容和形式,如在社会体验式的实践活动中增加运用所学专业知识服务社会的内容,在专业发展式的实践活动中增加社会考察和生活体验的内容,等等。

(三)以发挥学生主体性为核心

高校实践育人以学生为对象,其各项活动离不开学生的接受和内化,而这种接受和内化体现了学生的主体性。实践证明,学生接受教育的积极性和主动性越高,对教育内容和要求的内化程度就越自觉、越有效。从目前的情况来看,大学生对高校实践育人的不同活动表现出不同的接受方式:对于专业教学实践活动,由于是实践教学的硬性规定,学生的接受具有被动性,只有在实践教学活动安排能够满足学生需求时,这种被动性才可能转化为主动性;对于社会实践、志愿服务、公益活动等,由于参与的门槛低、非功利性等特点,学生参与的积极性高,不仅在由学校组织的这类活动中参与者多,而且非学校组织的这类活动参与者也较多;对于创新创业实践活动,因受限于参与的条件、个体的认识与能力等因素,学生参与的人数相对较少,在就业相对容易的高校主要是一批具有一定创业意愿和能力的学生,在就业相对困难的高校则主要是一批想通过创业实现就业的学生。

因此,高校实践育人发挥学生的主体性作用,要根据活动的类型制定不同的教育方案。一是增加专业教学实践的可选择性,以满足学生的个性化需要,不仅要从学校便于统一管理和集中指导的方向来制定集体实践教学方案,而且要从有利于学生个性化发展的角度去制定可供个体选择的实践教学方案。同时,对这两种方案都要加强管理和指导,既要防止集体实践活动中忽视对个体的个性化指导,也要防止个体单独实践活动中缺乏针对性指导。二是增强社会实践、志愿服务、公益活动等实践活动的计划性。要以加强实践学分管理为契机,在时间和空间上对学生参与此类活动进行有序安排,既要满足学生参与的需求,又要确保学生参与的有效性,提高学生参与的积极性和满意度。三是加强创新创业实践活动的体验性,充分调动学生参与的积极性。既要为那些具有创新创业意识和能力的学生提供实践平台,创造条件鼓励和指导他们进行创新项目实验和成果的创业转化,也要借鉴组织学生参加社会实践活动的经验,有组织、有计划地安排其他学生进行多种形式的创新创业活动体验。

(四)以促进实践育人的融合发展为主要途径

从高校内部看,高校实践育人不是一门课程或一项活动就能解决的事情,而是每门课程都要有效增加实践内容或实践环节,所有的教学活动、社会实践活动、校园文化活动等都要有效地渗透实践元素,围绕提高学生的实践能力和素质去开展;高校实践育人工作也不是一个教师或几个教师就能完成的,需要包括专业教师、思想政治工作者及管理干部等在内的全体教师共同参与实施。从高校外部看,高校实践育人不是一所高校简单地实施专业实践教学和组织实践活动,而应当根据学生的发展需要,整合政府、企业及社会等各方面资源,在各方优势互补、互利共赢中有效推动实践育人。

高校实践育人从现实性上应该是一个融合发展的过程,体现在以下四个方面:

一是目标的融合,即参与实践育人的各方,虽然参与的角度及参与的程度有所不同,但都围绕实践教学改革、实践活动组织、实践文化创建等各个环节来致力于提高大学生的实践能力和培养实践性人才。这个目标是完全一致的,是符合各方共同利益的。

二是多元主体的融合,即参与高校实践育人的各个主体不是各自单独地发挥作用,而是通过机制结成一个共同体发挥整体性作用的。如在实践育人实施过程中,政府、企业、社区与高校都是实践育人的主体,但它们当中任何一个主体发挥作用都离不开其他主体的参与;同样,只有当它们联结成一个共同的整体时,才能有效地促进高校实践育人活动的制度化、常态化。

三是主客体的融合。高校实践育人不是单向度的,而是双向度或多向度的,并且这种双向度或多向度统一于实践过程之中,即教师既是实践教育的主体也是实践学习的客体,学生不仅是在实践中被动学习的客体,而且是在实践中自主学习的主体。一方面,教师的"教"既需要通过学生的"学"来反馈教育质量信息,自身也需要在实践中学习,从而不断积累实践教学经验,提高实践教学能力;另一方面,学生的"学"既要向教师学,也要向实践学,而这种向实践学的过程更能体现学生的自主发展和教学相长过程。

四是不同活动内容和形式的融合。虽然理论上高校实践育人有多种类型的实践活动,并且每一种实践活动都有着不同的内容和形式,但在现实中任何一项高校实践育人活动往往体现着多种育人内容和形式的交叉融合。例如,在专业实践教学活动中往往借助一些社会实践活动的内容和形式,在社会实践活动中往往又借助一些专业实践教学的内容和形式,而在科技创新创业实践活动中,更是体现出多种实践育人内容和形式的综合利用。

（五）以健全实践育人的联动机制为重要依托

在高校中,不同的实践育人活动由不同的部门管理,如专业实践教学由教务部门负责,社会实践活动由共青团组织负责,创新创业实践活动由就业指导部门负责,管理实践育人活动由相应管理部门负责,等等。这些部门之间的关系如何协调,需要建立健全一个联动的管理机制,如大部分高校成立由校领导牵头、多部门负责人参加的实践育人工作领导小组,并且依靠某一个部门设立办事机构来统一协调处理各部门在实践育人过程中存在的一些主要问题,如经费预算、教师和学生表彰奖励、实践育人基地建设等。在高校外,政府、企业和社区虽然没有专门负责高校实践育人的机构,但高校可以根据其不同的业务需求去对接,如与政府部门的共青团组织联合建设社会实践基地,与科技部门对接联合建设创新创业实践基地,与企业的公益服务部门对接,动员企业参与到高校与政府共建的实践基地,等等。

目前,高校与政府、企业及社区等校外部门建立实践育人的联动机制主要有三种模式:第一种模式是高校依托企业建立专业实践教学基地,有的还通过在企业设立研究生培养工作站等方式,实现高校与企业联合培养人才;第二种模式是高校与政府、企业共同建设创新创业孵化基地,通过提供技术指导、资金扶持、场地保障等服务促进大学生自主创业;第三种模式是高校通过与城市或农村社区共建暑期社会实践基地、社区志愿服务基地等,定期组织学生赴社区基地开展公益服务实践活动。近年来,高校与校外联动的实践育人机制产生了一种新模式,即国际化合作模式。比如,一些高校纷纷与境外实践教育机构合作,组织学生利用假期赴海外开展社会实践和实习见习活动,等等。

（六）以加强实践育人的条件建设为保障

每一项教育活动都离不开必要的条件和保证,高校实践育人更是如此。从某种程度上说,一些高校在实践育人方面的力度不够,其中重要的原因是他们可以获得的资源有限。因此,重视和加强高校实践育人首先要在解决条件保障问题上下功夫。解决条件保障问题在工作方式上有三个思路:一是以学校自身解决为主要渠道,二是争取政府部门的支持,三是争取与企业的合作。在内容上主要解决五个方面的问题:第一,政策保障。既包括高校保障各项实践育人活动顺利开展的政策规定,也包括政府部门支持高校开展实践育人活动的政策规定。第二,经费支持。不仅要在学校的年度经费预算中争取列支所需要的实践活动经费,而且要努力得到政府部门的资金支持,还要尽力得到企业的公益资金支持。第三,指导教师。既要选拔和安排具有较强学习能力或热衷于教育活动的教师担任实践育人指导的教师,还要有计划地从学校外部招聘教师,包括从企业中选聘具有较强实践教学技能或管理人员担任实践育人指导教师。第四,场地提供。既要利用校内空间开展实践育人活动,也要大胆利用校外空间开展实践育人活动。对校外空间的利用,既可以依托政府、企业、社区已有的实体空间,通过增加或改造实践活动内容的方式进行,也可以以政府、企业、社区采取共建的方式产生新的实体实践空间。第五,评价机制。既要对学生参与实践活动的表现进行评价,并和人才培养的学分评价体系对接,还要对教师参与实践育人活动的整体表现进行评估,以提高他们的积极性。此外,还要对整个实践活动的过程及效果进行评估,以利于实践育人活动的持续开展。

二、高校实践育人的新趋势

高校实践育人共同体建设是发展趋势之一。建设高校实践育人共同体意味着高校要将参与实践育人的多元主体与学生客体通过实践育人活动紧密地结成一个具有生命活力的综合体。这种综合体是对高校现有的各种实践育人模式的升华,既要继承和发扬现有实践育人模式的特色,又要以更高的标准发挥更大的优势。

(一)规范化管理

高校实践育人共同体参与的主体多、涉及的范围广、工作复杂性强,只有加强规范化的管理,才能确保实践育人共同体发挥最大的育人合力。随着实践育人共同体各主体认识的提高、法治思维能力的增强,以及实践育人共同体对各主体需求的满足和利益的实现,规范化管理成为各主体共同的要求,因而也成为实践育人共同体发展的必然趋势。这种规范化管理主要包括三个方面:一是权责明晰化。实践育人共同体内各个参与主体的权利和义务必须明确,既要明确各自权利和义务的内容,也要明确各自权利和义务履行的程序、标准等。政府、企业及高校应签订共建协议,指派专门机构或人员负责对接,或者以其中一方为主导建立实践育人共同体的日常管理机构。二是管理制度化。要对实践育人共同体目标的设计、计划的制定、流程的控制、考核的规定等方面进行一系列制度的设计,并严格地予以执行。三是内容与形式的科学化。一方面要根据不同的专业类型、不同的教育阶段、不同的社会需求和学生的发展需要等,合理设计实践教学、社会实践、创新创业等实践育人的内容和形式;另一方面要从不同参与者的角度去考虑和照顾多方面利益,实现小目标与大目标、近期目标与长远目标、个人目标与集体目标的有机统一,最终实现共同的价值目标。

(二)常态化服务

实践育人共同体建设是一个持续性过程,不能以运动式或阶段性思维来对待,应当立足于常态化建设。实践育人共同体的常态化服务包括:第一,提供常态化的服务。高校、政府、企业等各主体在实践育人共同体中都扮演着为大学生实践服务的角色,只是在各自服务的内容和形式上存在区别,并且这些服务的提供是随时的、常规的。例如,政府提供的政策支持应是相对稳定的、长期的,高校提供的日常管理和运行保障应是不间断的、可持续的,企业提供的智力支持、资金扶持等也应是守信用、讲诚信的。第二,开展常态化的服务评估考核。没有评价标准和评价考核的服务工作将会使服务的专业性、科学性和有效性大打折扣,甚至起到负面的消极作用。对实践育人共同体的各项服务工作必须坚持开展定期或不定期的评估,对各参与主体的服务进行绩效考核,并建立合理的退出机制。第三,实行常态化的服务反馈和调整。常态化并不是固态化,相反,常态化的服务过程是不断变化的。一方面有不断出现的各种问题需要解决,另一方面解决各种问题的方式方法也在不断变化。只有适应这种变化状态,才能做到根据变化不断调整管理和服务,做到在反馈中反思、在反思中调整、在调整中提升。

(三)品牌化培育

品牌意味着独特的创新性、经验的示范性和推广的价值性。实践育人共同体建设的品牌化趋势可以从三个方面理解：一是实践育人的活动品牌，主要指在实践育人共同体中所形成的成效显著的、具有较大影响力的实践育人活动。这种活动对于实践育人共同体本身来说，既可以有效地凝聚和服务学生，又可以增加实践育人共同体自身内在的社会价值；而对于其他实践育人共同体来说，则具有一定的示范带动作用。二是实践育人的基地品牌，主要指一些建设形态很好、作用发挥很好、发展态势很好的实践育人基地。由于实践育人的基地建设是实践育人共同体相对固化的形式，其发展的规律容易被掌握和借鉴，所以政府、企业和高校等都会注重培育和推广一个或几个品牌基地，从而发挥这些品牌基地对其他基地建设的促进作用。三是实践育人的资源品牌，主要指支撑实践育人共同体有效运作的构成要素，如实践育人的好教材、好教师、好网站、好技术、好方法、好案例等，这些品牌资源可以从一个或几个方面发挥独特的作用，相对而言，推广更容易，更具有操作性。当前一些教育部门选编和推介部分高校的实践育人典型案例，实际上就是对这种品牌资源的总结和推广。

(四)项目化运作

实践育人共同体的项目化运作是指高校实践育人活动依托一个或若干个具体的项目进行实践活动管理的方法。"基于项目驱动的实践育人方法，有利于充分发挥项目化平台的灵活性、新颖性、拓展性和建设性，是大学培养创新人才的有效途径之一。"

高校可从以下方面做好实践育人共同体的项目化运作：一是合理设置实践育人项目，对接学生需要和社会需求。同时，创建重大项目和一般项目、单一项目和复合项目、短期项目和长期项目、个人项目和集体项目，并根据学生的专业特点、政府和企业支持力度，开设多样性、多元化服务项目。做到只要学生有需求、社会有需要，项目就能持续地满足这些需求和需要。二是严格规定项目化运作的基本环节，促进项目的阶段递进式管理。项目化运作包括项目申报与立项、项目跟踪与反馈、项目监督与评价、项目的资助与结项、项目经验的交流推广等环节，这些环节实际上是对实践育人活动过程的具体分解。这种分解使实践育人活动管理可以分阶段进行，从而实现过程管理的即时性，既降低项目管理的风险，又提高项目运行的效率。三是做好项目成果的评价与转化，最大限度地发挥项目化运作的效益。项目管理有其确定的目标和可操作的评价标准，相对其成果的交流与转化来说更简单、更容易。实践育人共同体的项目化运作可以借鉴科研项目管理、工程项目管理等好的做法，并结合具体实际不断创新管理的方式方法。

(五)信息化支撑

在信息技术高度发达的大数据时代，推进网络信息技术与高校实践育人共同体建设相互融合、协同创新，有助于推进实践育人共同体的信息化。实践育人共同体建设以信息化支撑为发展趋势，包含以下几点：一是实现实践育人主体的信息化互动。实践育人共同体中不同主体之间借助信息化手段实现即时的通信和交流，做到信息沟通无障碍，信息互动有交流，及时互通互报实践育人的活动进展情况，通力协作解决实践育人工作中出现的难题。二是实现实践育人工作的信息化管理。一方面，实践育人共同体所需要和所产生的信息内容非常宽泛，这些信息需要通过信息化手段进行贮存、提取和有效利用；另一方面，对信息化技术手段的使用本身就是引导学生进行数字化生活的一种实践，是信息化环境下高校实践育人的应有之义。三是实现实践育人成果的信息化推广。新媒体的优势有助于实践育人成果的快速推广和多维度的呈现。例如,通过微博、微信、QQ 空间、手机客户端等形式,以微视频、微访谈、微课程、微电影、微案例等方式全面展现实践育人成果,可以在更大范围内吸引学生关注。

(六)社会化运作

实践育人共同体的社会化运作主要指在运行机制上既要避免高校单打独斗,又要克服政府大包大揽,还要力戒企业的单向付出,而要在遵循社会发展规律与市场经济规律的前提下,创建一种共赢的发展机制。实践育人共同体以社会化运作为发展趋势,包括四个方面:一是以对接需求为导向。既要对接高校人才培养的实践需求和师生参与实践活动的个性需求,也要对接政府参与的需求,还要对接企业发展的需求。这是实践育人共同体赖以存在的前提,离开了这个前提,任何共同体都不可能持续。二是以合作共赢为目标。社会化运作能否持久,关键在于合作共赢的目标能否实现。实践育人共同体建设以提升学生的实践能力和培养实践人才为根本目标,但不等于说参与的多元主体没有各自的特定目标,特别是对企业来说,虽然参与实践育人共同体主要是出于社会公益事业的需要,但不能不考虑其合理的经济利益。而社会化运作既能减轻政府和高校的负担,也有利于提高企业的积极性。三是以优势互补为基础。实践育人共同体建设不管以多元主体中的哪一方为主导,各方都要最大限度地发挥各自的优势,从而形成共同体发展的整体优势,增强共同体的竞争力。四是以市场化运作为辅助。高校实践育人共同体建设单靠政府和高校的力量是远远不够的,需要发挥企业机制灵活、市场意识较强、科技优势明显、管理规范等优势,特别是创新创业实践活动,更需要企业的参与和合作。社会化运作不是片面地将实践育人共同体建设的主动权交给企业,而是借助企业的力量和运作方式提高管理水平。当然,一些发展较为成熟的创新创业实践基地在条件具备的情况下可以进行企业化经营。

三、高校实践育人的新思路

无论是基于理论上的认识提高,还是基于高校实践育人的现实需要,目前已经有不少高校提出了清晰的建设实践育人共同体的任务与计划。在某种程度上,建设实践育人共同体正成为高校实践育人的新常态。各高校既要正确认识这一发展新常态,适应这一发展新常态,更要引领这一发展新常态,以更高的要求、更新的视野去推动高校实践育人共同体的发展。

(一)以整体性发展观推动高校实践育人

实践育人是高校实践育人共同体各构成要素之间相互联系、相互作用、相互影响的一种整体合力育人的教育实践活动。但是,目前我国高校实践育人工作由于各种因素限制,并未实现整体性的发展,育人合力还有待进一步形成。这主要表现在:高校人才培养与社会人才发展需求整体性对接不够紧密;高校与政府、企业、社会、家庭等育人主体整体性融合不够紧密;实践育人与专业教学、学生工作、校园文化等整体性结合不够紧密;实践育人各方面政策制度和实践育人各发展阶段的整体性衔接不够紧密;实践育人活动中教师主导与学生主体作用的整体性聚合不够紧密;等等。

高校实践育人的整体性发展,包括以下内容:

（1）政策制度体系的整体性完善。纵向来说，从中央到地方，从上级教育行政部门到各个地区的高校，要形成上下一致并且一以贯之的政策体系，为实践育人铺平发展道路；横向来说，各个实践育人主体之间要形成相互扶持、相互补充的全面一体化制度体系，为实践育人补全制度上的空白，扩宽发展道路。

（2）育人主体各方利益的整体性共赢。高校实践育人必须得到政府、企业、社会和家庭的支持与积极参与，不管由谁主导实践育人共同体的建设和发展，都必须充分考虑和关照育人主体各方的发展诉求和利益，只有以共赢的方式去组建与合作，才能使高校实践育人共同体进一步融合和发展。

（3）实践育人内容与形式的整体性创新。高校应该利用教育国际化和信息化的良好氛围，将学生创新创业能力培养和国际化竞争能力培养、科学人文素质的提升及思想政治觉悟的提高相结合，以探索式教学实践、参与式管理实践、体验式社会实践等形式，吸引广大青年学生参与各项实践育人活动，并使他们在活动中受教育、促提高。

（4）实践育人各阶段发展的整体性衔接。实践育人是一种持续性的教育实践活动，高校应无缝对接实践育人各阶段发展的内容与资源，无缝对接学生各阶段发展的实践参与项目和活动，有序并稳步推进高校实践育人工作。

（二）以问题为导向完善高校实践育人共同体建设

高校实践育人共同体的建设还处于初始阶段，存在许多亟须解决的问题。例如，国家层面的政策与制度，系统设计不够完善，整体推进力度不够；社会层面的育人主体，参与的主动性较差，协同育人力度不够；高校层面的人才培养，顶层谋划不全面，创新改革力度不够；个体层面的师生参与，存在被动参与、消极参与的情况；等等。

高校实践育人共同体建设应以问题为导向，不断促进高校实践育人工作科学发展，具体可从以下几方面努力：

（1）要完善政策制度，构建良好的实践育人环境。国家应该形成完备的鼓励地方政府、企业和社会各界支持高校实践育人工作的政策方针体系，为高校实践育人共同体建设构建良好的育人环境。

（2）创新人才培养，落实实践育人工作要求。部分高校实践活动的设计和组织不系统、不规范，部分教师在教育教学活动中仍然存在实践育人工作流于形式、走过场等问题。高校应积极贯彻中央实践育人工作要求，根据人才培养的实际需求，制定和设计实践育人共同体的目标与任务时要有科学性，同时加强工作队伍、体制机制和平台资源等建设，通过强化实践教学比重、对学生参加实践活动进行学分认定、对教师参与实践育人或者指导学生参加实践活动的工作采取考核评估、激励等方式，积极推进高校实践育人工作。

（3）提高自主参与意识，提升实践能力素质。自主参与、主动参与有助于实践能力素质的提升，被动参与不仅体现不出实践活动参与的目的性和规划性，还会使参与主体对实践育人工作产生一定的躲避或排斥心理，不利于实践能力的培养。高校实践育人共同体应以多元的实践项目、趣味性的实践内容和创新性的实践组织形式等为工作方式，充分调动各育人主体的主动性和各师生参与主体的积极性，切实提高实践育人的实效性。

(三)以分类突破探索高校实践育人的方式方法创新

当前,我国高校的实践育人在具体的实践活动设计、组织和实施过程中较注重统一整体的要求,对育人主体、参与主体的个性化实践需求关注不够。实践育人共同体应以分类突破探索实践育人的方式方法创新,具体可从以下几方面努力:

(1)区分育人主体,分类培育和优化实践育人队伍。高校作为实践育人工作的主要推动者和实施者,应对整个育人共同体有清晰的把握,并主动区分各育人主体的个性化特点及资质条件,有选择地创建共同体或加入共同体,并以共同体为温床培育和优化骨干人才,创设校内校外、专兼职相结合的实践育人工作队伍。

(2)对参与主体进行区分,分类设计实践活动与开展实践育人工作。大学生是高校实践育人工作的主要参与主体,不同专业、年级、个性的学生对实践育人工作的认识是不一样的,喜欢参加的实践活动类型也有所不同。高校应该以专业、年级和学生群体类别为依据设计不同的实践育人活动,激发学生参与实践活动的主动性。

(3)区分能力培养,分类组织与开展实践育人活动。高校实践育人工作开展的主要目的是提升学生的实践能力素质,而学生的实践能力包括沟通协调能力、调查研究能力、合作交流能力和创新创业能力等。不同的实践能力素质需要通过不同的实践育人共同体或组织通过组织不同的实践活动来锻炼和培养。高校不仅要有针对性地通过特定的育人共同体或特殊的实践活动增强学生某方面的实践能力素质,而且要对学生的各种实践能力素质的培养进行系统谋划,分阶段、有重点地推动学生的全面发展。

(四)以特色发展提升高校实践育人的实效

高校实践育人实效不仅是高校实践育人共同体的价值追求和目标,更是提高高校人才培养质量和促进高等教育深化改革发展的重要推动力量。高校提升实践育人实效的最有效途径是以特色化发展为手段强化品牌意识,打造品牌特色,扩大品牌影响力。

(1)突出特定主题,开展实践活动,增强实践育人的有效性。高校可以针对不同的主题,如爱、感恩、诚信、责任、敬业、创新等,策划一系列的社会实践活动,让学生选择性参与,使学生可以在实践活动中增长知识和才干。

(2)突出特定学科,组织专业教学实践,深化实践育人实效。各高校都有独立的学科和专业,有目的、有规划和有组织地鼓励学生参加专业和实践性的教学活动,不仅能让学生体会到所学学科和专业的社会价值,巩固学生的专业思想,更能有效提升高校实践育人的实效。高校应结合学校或学院学科专业优势,通过强化专业教学实践的效果来深化高校实践育人实效。

(3)突出特定目标,建设特色实践基地,扩大实践育人实效。高校应明确实践育人的不同目标,并按照不同的目的、任务和要求,积极主动地构建或者参与构建实践育人共同体,如专业教学实践基地、军事训练基地、志愿服务基地、创新创业基地、国外研修基地等,并通过基地规范化建设和品牌化培育,提升高校实践育人实效,进而扩大实践育人共同体的辐射力和影响力。

第六章　新时代高校网络育人体系构建

2014年11月22日至23日,中央网信办、教育部在上海联合召开创新网络思想政治教育现场经验交流会,要求各地各高校要认真按照中央的决策部署,切实加强网络教育主阵地、主平台、主渠道建设,创新推进高校网络思想政治教育,不断开创网络育人新局面。这就将高校人才培养的方向从现实空间逐步转移到网络领域,这正是基于"互联网+"的思维演进。

第一节　"互联网+"下的思政育人

互联网技术日益普及,已经渗透到人们的日常生活中,网络正成为影响人的道德、思想、情感,人生成长等最重要的因素之一。当代大学生作为"数字原住民",其世界观、人生观、价值观、婚恋观、就业观等均受到网络的影响。网络育人应该是也必然是互联网时代最重要的教育途径之一,网络育人必须成为社会共识。高校必须主动适应网络时代的发展,开辟网络育人新干线。

"互联网+"概念的中心词是互联网,它是"互联网+"计划的出发点。"互联网+"可以将"互联网+"概念中的文字"互联网"与符号"+"分开理解。符号"+"意为加号,即代表着添加与联合,也可以将"互联网+"作为一个整体概念,其深层意义是通过传统产业的互联网化完成产业升级。"互联网+思政育人"即二者的合二为一,既有二者的关联性表达,也有二者的相互渗透。"互联网+思政育人"是两者融合的升级版,将互联网作为当前信息化发展的核心特征,提取出来,并与高校思政人全面融合。"+"就是跨界,就是变革,就是开放,就是重塑融合。融合协同了,群体智能才会实现,融合本身也指代载体,学生吸收转化为教育,教师参与创新自觉呈现新能量。传统课堂的"教师教、学生学"的被动模式难以为继,必须转到网络创新驱动教学效果这条正确的道路上来。

一、推动网络育人,促进高校功能的发挥

校园网络文化建设和管理既是高等教育事业发展的重要组成部分,也是推动社会主义文化大发展大繁荣的重要方面①。当今,加强网络文化建设和管理是一项重要战略决策,是

---

① 李卫红.深入贯彻党的十七大精神,不断开创高校校园网络文化建设和管理工作新局面[J].思想理论教育导刊,2008(1):4-11.

占领思想文化阵地、保障政治稳定、确保信息安全、维护校园和谐的现实需要。

(一)适应时代发展,推动教学改革

网络作为庞大的资源信息共享和交流平台,已深刻改变了当代大学生的学习、生活和思维方式,冲击着大学生的行为模式、价值取向、心理发展和道德观念,这给高校的思想政治教育工作带来了巨大冲击和新的挑战[①]。在网络环境下,知识更新加快、学生的人际交往方式多样化、良莠不齐的信息对我国主旋律文化的巨大冲击等,都对高校思想政治工作的权威、方式和成果的巩固提出了挑战。因此,当下进行的微课、翻转课堂改革就是适应基于移动客户端的教学变革。

(二)维护网络信息安全,重塑网络结构

网络以其充分自由性和虚拟性,吸引着广大大学生。作为数字化信息的最重要传输载体,网络信息安全也成为教学和科研人员关注的问题。校园网络信息安全风险在网络安全意识淡薄、盗版软件滥用、传输介质失密、网络入侵、应用软件的安全问题上可见一斑。维护学校和社会政治稳定已成为不可回避的现实问题,解决网络安全问题迫在眉睫,也是高校育人环境的必要保障。

信息革命、全球化、互联网业已打破了原有的社会结构、经济结构、地缘结构、文化结构,权力、议事规则、话语权在不断发生变化。"互联网+思政育人"拓展了高校的育人场域,将实体办学与网络互联相结合,不仅拓展了思想教育的场域,也促进了各种资源的交汇与整合,为高校思政育人提供了良好的平台。

二、加强网络监管,深挖育人资源

网络现已成为校园文化建设的一块新型阵地,校园育人中必需的丰富多彩、文明和谐的网络文化已经形成。丰富校园网络文化的内容和形式,要进一步强化文化精品建设、特色网络文化品牌和相关服务工作,要以丰富高校的网络文化产品和服务为着力点,不断丰富网络文化建设的内涵,为进一步建设良好的网络文化创造条件,确保育人资源的整合。

(一)传递正能量,加强网络引导功能

深挖育人资源,弘扬主旋律,传递正能量,打造独具特色校园网络文化品牌,健全网络服务;完善网络辐射功能;以推进办公信息化为依托,凸显网络提效功能;以提升大学生网络素养为目的,加强网络引导功能,尤其将整个大学阶段视为一个系统来运行。建设网络文化,建设一批内容丰富、人文气息浓烈的网站,充分发挥网络引导在校园文化建设中的突出作用。

(二)直面"窗口期",坚守思政育人阵地

大学生是网络的新生力量,高校需加强对其思想领域的监控。直面高校网络挑战的"窗

---

① 陈涛,潘伟国,穆玉兵.高校校园网络文化的育人功能及实现形式[J].学校党建与思想教育(高教版),2011(11):85-86.

口期"，始终保持政治上的清醒，严守政治纪律和政治规矩，确保任何时候、任何情况下，都在思想上、政治上、行动上同党中央保持高度一致。

三、坚守宣传思想的主阵地，肃清网络毒瘤

提升大学生的信息素养，引导其明辨是非，肃清网络毒瘤，是加强高校宣传思想工作的重要内容。

（一）加强队伍建设，提升政治素养

类似"毒瘤"的恶劣影响毋庸置疑，这不仅破坏了国家法制建设，触及大学生心理承受的底线，与正向宣传背道而驰，其政治和社会影响无疑是巨大的，并且极大地破坏了高校政治生态。因此，我们应该进一步加强队伍建设，不断加强广大高校教师政治素质培养，坚定政治信仰、明确政治方向、牢守党纪国法底线，坚决肃清"毒瘤"影响，还大学一个风清气正的校园环境。

（二）强化阵地意识，倡导正能量

网络的绿色生态构建必须强化阵地意识，坚持党管意识形态不动摇、党管媒体不动摇，确保主流思想和舆论占领主导地位。网络阵地必须发出正面声音，注入正能量。高校在宣传主旋律的同时，要把宣传重点放在党的政策方针上，深入宣传"四个全面"战略布局、改革开放以来我们国家取得的伟大成就；在基调定位中，突出稳中求进，围绕事关发展全局的重大事项和党委的中心工作，找准努力方向；在面向大学生主流群体时，宣传经济社会发展中的好人好事，重点宣传经济、社会发展第一线的态势和需求，在高校师生群体中培育践行社会主义核心价值观。

四、净化"网络声音"，建设"网络红军"

（一）有序参与网络生活，坚定原则立场

互联网早已成为大众媒介的重要组成部分。网络正在广泛且深远地影响着人们生活中的方方面面，让生活真正实现了一键通、一指通，改变着我们的学习、社交、出行、旅游、娱乐等，让整个社会环境变得更加多元化、开放化。然而，在网络为现在人们生活带来便捷的同时，在这个人人享有发言权的时代里，各类网络事件、各种网络声音层出不穷，批判也好、赞赏也罢，都很容易在网络中迅速受到关注，并在最短的时间内形成一定的影响力。网络声音出现杂乱局面，如果仅仅是交锋交流，观点的不同不会使信仰和精神错乱，但如果是原则性立场的相对而论，就可能波及大学生的思想动态，进而形成精神威胁。

（二）抵制不良思想渗透，坚守信仰高地

大数据时代，网络是个取之不尽、用之不竭的知识宝库，但网络是把双刃剑，过分依赖网络、局限于网络，会使学习浅表化，出现知识构架上的偏移。一方面，要保持自身清醒的头脑必须练就"好声音"，主导话语权；另一方面，作为思想政治教育工作者，必须在网络红军的隐

性构建中认知严峻的形势和可能发生的危险,并且在实践中传递"革命精神",确保高校思想安全和政治稳定。

五、构筑高校思政育人"网络生态涵养区"

高校宣传思想工作是社会思想"涵养水源"的"蓄水池"和"防火墙",是党执政和维护国家最高利益的重要措施,其职能无可替代。多年来,各高校基层党委健全工作机制,夯实工作基础,创新工作方法,拓展工作覆盖面,推进主流思想进社团、进课堂、进头脑,有力维护了社会政治稳定和文化安全。但是,伴随网络信息的迷乱和不良思想的渗透,构筑高校思政育人"网络生态涵养区"迫在眉睫。

(一)辨别恶意虚假言论,杜绝恶性循环

网络大谣、网络水军是"网络生态涵养区"的主要竞争对手之一,为了谋取利益,他们故意制造虚假信息、网络谣言,运用语言暴力等手段吸引网民眼球,误导网民情绪的宣泄。为此,网络生态安全区和绿地在高校的建设亟待加强。

(二)把握宣传思想工作的主导权,加强设施建设

高校宣传思想生态区需要牢牢把握国家主流思想,强化责任意识,加强组织领导,实施专项整治,加强协调配合。同时,要提高基层社团及寝室文化的使用率,找准读书活动载体,建成主流文化阵地,使大学生在读书中净化心灵、增长知识、传播文明、实现梦想。加强高校宣传思想工作生态区建设,还网络蓝天净土,是和谐社会的需要,是民族精神的需要,更是实现中国梦的需要。

第二节　全面加强网络监管

互联网不仅成为大学生生活与学习的工具,而且成为影响思想道德以及学习效果的关键因素。大学生群体较之社会青年,更有精力和兴趣依赖移动互联网来获取信息。鉴于网络对大学生影响的两面性,应该采取积极态度与科学方式介入大学生网络平台,从大学生的网络心理与行为特点来进行思想疏导,根据他们的所思所想与网络偏好来规避风险、提升教育效果。

一、绷紧心弦,密切关注大学生的"网络轨迹"

大学生的上网行为是否健康,能否经受隐性意识形态的考验,直接关系着网络文明进程和主流思想的宣传效果。掌握大学生上网的基本情况,对加强高校网络阵地建设和培养高素质的大学生网民具有重要意义。

对大学生上网行为和心理进行分析,必须看到网络的正向积极作用,但也必须要洞察思想领域的风险之端。一个和谐温馨、安定有序的校园,不只是传播知识的殿堂,还应该成为学生健康成长的乐园。校园网络安全关系到学生能否健康成长;关系到教师能否在一个宁静、安全的环境中教书育人,为国家培养和造就各种人才;关系到家庭和社会对学校的信任。

它是学校管理的底线,是学校发展中的支点。密切关注大学生的上网动向,还高校网络绿地,必须做到党委和各级思想政治教育工作者协同努力,共同打造宁静、安全、舒适的大学生网络空间。

二、密织"数控"网,构造"网警"墙

(一)建立常态化机制,有效监管

为进一步加强高校网络治理,切实维护大学生网络秩序,必须构设"网警"墙,认真总结"大学生网络社区""网格化综合巡控"等安全监管方式,并组织开展公开巡查,部署高校宣传思想相关工作人员普遍建立校园网警常态化机制。从幕后走向台前,开展网上巡视,全面提高网上"见警率",着力提升高校网络社会公共安全感和群众满意度。

(二)监管规则意识,保持理性

现实生活中,车流量、人流量很大的十字路口,如果没有交通警察在现场指挥交通,也没有电子警察监督,那么,交通秩序就会很容易陷入混乱,不文明行为、违法行为、冲突、拥堵乃至车祸会不断发生,而如果有交通警察在场,人们的敬畏意识、自律意识和规则意识便会明显增强,交通秩序也能保持井然有序状态。同样,大学生的规则意识也需要监管。在微博、微信、贴吧等日渐拥挤的"网络十字路口"有没有"治安岗亭"、有没有警察在场,秩序自然也会不一样。如果高校网警就在你身边,那么在发帖、说话、办事时就会保持克制和理性,就会讲究一些方式方法,就会注意一下文明的底线和法律的底线,网络文明程度也会大大提升。

因此,密织"数控"网,构造"网警"墙理应受到欢迎。大学生对高校网警要多一些信赖,多一些理解、支持和配合。当然,大学生也可以对网警进行积极监督,而网警也应多与高校师生互动,使绿色、文明、干净的网络空间成为美好的现实。

三、咏唱网络主旋律,帮助大学生树立正确信仰

(一)加强信仰教育,重建科学信仰

近些年来,基于社会现实变迁的大学生的信仰问题开始成为社会学界讨论的热点问题,在移动互联网时代,大学生信仰状况出现在"风口浪尖"上。当代大学生的主流信仰还是积极向上的,从内容上有多元化的趋势,部分大学生对传统价值中的合理部分持怀疑态度,出现信仰危机,对理想前途感到困惑和迷惘。大学生的信仰状况受社会因素、学校教育因素及家庭教育因素三方面影响,应通过全方位实施信仰教育,结合社会实际和网络主旋律的弘扬,加强学校信仰教育。

(二)引导正面舆论,化解负效应

信仰危机危及高校宣传思想工作的安全,是当今中国社会各种危机的源头。大学生的信仰问题,既关系到合格人才的培养,又关系到社会稳定和发展。大学生的精神世界如果不加以正确引导,大学生很容易陷入困惑,部分学生还会丢失信仰。习近平总书记在全国宣传

思想工作会议上强调,要把网上舆论工作作为宣传思想工作的重中之重来抓。当前,互联网已成为社会意见的重要生成地,成为影响社会舆论的重要力量。我们必须因势而谋、应势而动、顺势而为,全面提升网上舆论工作水平,切实巩固马克思主义的指导地位,巩固人民团结奋斗的共同思想基础。互联网作为各种社会思潮、各种利益诉求汇聚的重要平台,在给人们生活带来便利的同时,也给一些不健康、不真实的信息和不负责任的言论提供了传播空间。因此,网上舆论引导既要激发正能量,以各种文学艺术手段展示中华民族可歌可泣的故事人物,也要针对现实社会思潮和不当言行化解负效应[①],减少违背国家意识形态的言行,将不同的见解矛盾通过微妙的"和风细雨"化解掉,归正大学生行为准则,最大限度增进大学生对党和国家政策及意志的支持和拥护。

四、构筑"防火墙",整治"杂乱象"

(一)制定管理措施,整治网络乱象

高校在充分肯定互联网重要的传媒作用的同时,也必须清醒地看到,互联网是把"双刃剑",如果管理使用不当,很可能成为影响我国政治稳定和社会安定的致命阴霾。

网络乱象丛生,治在必行。无论网上、网下,不管微博、微信、支付宝、朋友圈,都不是"法外之地"。针对新型社交平台的兴起,适时制定相关管理"防火墙"势所必然。高校在"微舆论""微传播""微交流"中必须筑起一道有实际意义的防火墙,使大学生不得发布、转载歪曲事实的新闻,保护公民个人隐私,等等。相关部门应该进一步探讨,就校园网络乱象加以整治监督,并制定切合实际的管理措施。

(二)做好线索收集,实现监督零死角

在实际工作中,认真落实信访举报制度,鼓励校园实名举报,严格教师课堂授课责任追究,确保"微传播"整治活动置于师生监督之下。在党委、团委、学生群体建立三级公众平台,设立"微信箱",通过微信平台接受学生举报,同时要求思想政治工作者在学生寝室入户宣传的同时做好线索收集,努力达成"无缝隙、全覆盖"监督体系,切实解决思想领域可能出现的偏差和实际问题,并设置"微乱象"宣传展板,紧紧围绕"防火墙"活动总要求,不断探索推进高校的政治生态建设。

五、弘扬主旋律,传播正能量

(一)引导正向舆论,坚守思政育人领地

任何事物都有其两面性,网络对大学生也存在着很多消极影响。网络的虚拟性容易导致大学生人际交往障碍。网络虚拟世界为大学生提供了与外界交流的途径,这种交流是广泛、安全和隐匿的。这种虚拟的环境对于好奇心强,喜欢憧憬、刺激、幻想新奇的大学生来说是极具诱惑力的。网络社交虽然可以对大学生人际交往有一定的正面影响,但同时由于脱

---

① 徐海荣.唱响网上主旋律凝聚网络正能量[J].党建,2013(11):31.

离了现实,长期处于虚拟状态,在互联网上得到情感认同与满足的同时,很多大学生开始由心理上对网络的强烈归属感和依赖感延展到对现实的厌倦与冷漠。大学生群体正处于人生观、世界观、价值观建立的关键时期,其本身又缺乏对信息进行准确判断的能力,极易受到网络文化不良观念的干扰。网络舆论极易成为整个大学生信息舆论系统的不稳定因素。

网络文化的多元性、开放性和自由性加速了各种文化之间的相互吸收、融合,使其在广泛传播中得到发展。网络文化无形中影响了大学生人生观、价值观的形成,也容易使西方国家的一些不良思想渗透到大学生中,破坏他们已有的思想、价值和文化。如果大学生缺乏清醒认识就会导致道德意识弱化、思想信仰迷乱,价值判断能力弱化,进而产生道德及思想认知危机。这些就是"杂草丛生"的信息库,对高校校园的正向舆论是极大的挑战,也考验着高校思想政治教育工作者的专业素养。

(二)弘扬主旋律,传播网络正能量

网络需要正能量,更需要加强思想建设,纠正大学生长期以来被误导、扭曲的价值观,帮助其做出正确的价值判断。在此,高校思想政治教育工作者应积极发挥引导作用,熟练运用互联网技术,和大学生一起互动,共同打造网络的蓝天净土。校园网络监管部门更应有效发挥职能,打击网络骗局,为网络的健康发展提供坚强保障。思想政治理论课教师对自身言论必须担负起责任,成为健康网络舆论的守卫者。大学生也应进一步学会自我判读,莫随意人云亦云、随波逐流,这既是对自己负责,也是对社会负责,对未来负责。只有弘扬主旋律,传播正能量,才能不断加强高校的宣传思想工作。

第七章 新时代高校辅导员育人体系构建

加强高校思政育人能力,首先必须要有一支政治素质过硬、业务能力强的师资队伍。辅导员作为师资队伍的重要组成部分,是高校思政育人主要依靠的力量之一。可以说,辅导员专业素质的高低直接影响高校思政育人的成效以及人才培养的质量。加强对高校辅导员的选拔、培养和考核,全面提升高校辅导员队伍的专业素质,是增强高校思政育人能力的重要着力点。

第一节 坚持育人为本,履行辅导员育人使命

20 世纪 50 年代开始,我国高校开始实行辅导员制度。当前,高校辅导员队伍建设愈来愈受到重视,辅导员已成为开展大学生思想政治教育的主要人员,同样肩负着培养德智体美劳全面发展的社会主义建设者和接班人的重要任务。

一、明确辅导员育人使命

加强高校思想政治教育工作,归根到底是做人的工作。我们必须坚持"育人为本、德育为先"的原则,遵循教育发展规律,把"育人为本"作为思想教育的逻辑起点。要以学生为主体、教师为主导,充分发挥学生的主动性,了解学生、尊重学生、关心学生成长,以学生的实际需求为根本出发点,关注学生的情感,重视学生的需要,设身处地为学生着想。《高等学校辅导员职业能力标准(暂行)》(简称《标准》)指出,辅导员是高校教师队伍和管理队伍的重要组成部分,具有教师和干部的双重身份。辅导员是开展大学生思想政治教育的骨干力量,是高校学生日常思想政治教育和管理工作的组织者、实施者和指导者。《标准》明确了辅导员的角色,也对辅导员的职责进行了定位,为高校加强辅导员队伍建设指明了方向。作为高校教师队伍和管理队伍的重要组成部分及开展大学生思想政治教育的骨干力量,辅导员需坚持育人为本,自觉践行育人使命。

二、坚守辅导员育人底线

(一)政治思想底线

在录用辅导员时,基本都要求应聘者是中国共产党党员,思想政治素质必须过硬,这是高校选拔辅导员的基本要求。辅导员肩负教书育人与管理育人的双重重任,作为一名党员,

辅导员必须用"忠诚"坚守政治底线。讲政治是每个辅导员最基本的要求,是必须坚守而不可逾越的底线。辅导员在日常的思想上和工作中必须明辨是非,切实增强政治信念的坚定性、政治立场的原则性、政治鉴别的敏锐性、政治忠诚的可靠性;自觉地将教书与育人工作统一起来,切实处理好学生思想工作中的各种问题。辅导员在育人的过程中要发挥引领作用,要有高度的政治责任感,不但辅导员自己要确保政治思想的底线,还要正确引导学生政治思想教育的方向。[①]辅导员通过思想信仰、为人处世、言谈举止、育人措施、管理方法等人格魅力起到先锋模范带头作用,做到为人师表,以行动感人,以典范育人,帮助学生树立正确的世界观、人生观、价值观等,不能脱离党员的先进性和纯洁性,要为学生传递正能量。这便是辅导员在思想工作中所要坚守的政治思想底线。

(二)伦理道德底线

伦理道德底线,是人们普遍认同并遵守的最基本的伦理规范和道德规范。高校辅导员所面临的教育对象是充满朝气与活力的大学生,他们受价值观多元化影响,情感丰富,观念开放,自我意识较强,崇尚科学与时尚,对各种事物充满了好奇,但同时又缺乏应对各种突发事件和处理问题的能力与经验,伦理道德底线的自控力较弱。面对这样的教育群体,辅导员的工作显得异常复杂。调查发现,多数学生将辅导员当作学习的榜样,多数专职辅导员在与学生交流使命,引导学生做"追梦人"的过程中没有鸿沟,和学生相处比较容易,学生将辅导员定位为学习楷模、人生导师、知心朋友,甚至哥哥(姐姐)。这些良好关系的建立虽然为辅导员工作的开展带来了有利条件,但同时辅导员也需要把握好与学生相处的尺度,保持适当的距离才能确保伦理道德底线的坚守。向上突破或向下突破该底线,都会给辅导员的教育和管理工作带来问题。

(三)情感尺度底线

当前有一些高校辅导员喜欢以弟弟、妹妹等昵称称呼学生,这种称呼从某种程度上来说可以拉近辅导员与学生的距离,有利于辅导员与学生之间的沟通,但同时也是一把"双刃剑",在没有把握好度的时候,可能会产生一些不好的后果。因此,高校辅导员应该严格坚守师风师德要求,把握好与学生接触时的情感尺度。

三、承载辅导员育人新使命

(一)工作层面的优势

如前所述,辅导员具有教师和干部的双重身份。身份的独特性造就了辅导员工作的独特性,辅导员需要承担两份工作:

其一是教育工作,主要是思想政治教育。辅导员除了自己对学生展开思想政治教育外,还可以组织讲座或者活动,邀请其他思想政治教师、专家或学生管理者对学生进行培训、授课。

---

① 魏松.高职院校辅导员工作职责的底线研究[J].青年文学家,2015(32):186.

其二是管理工作,主要是学生管理。辅导员是否拥有良好的综合素质是其在工作中能否取得优势的关键。因此,为确保辅导员的工作优势,首先必须严格按照教育部43号令《普通高等学校辅导员队伍建设规定》(简称《规定》)的要求开展辅导员的选拔工作。严格的选拔标准为提升辅导员队伍的整体素质奠定了坚实的基础。辅导员在开展学生思想政治教育工作、谈心工作、职业生涯规划与就业指导工作、化解学生矛盾与冲突工作、资助工作、评优评先工作、主题班会工作、安全工作的时候,要坚持马克思主义的指导地位,运用马克思主义基本原理、方法解决实际问题。同时,在教育工作和管理工作中适时开展思想政治教育,将思想政治教育融入教育工作、管理工作,以提升大学生的思想素质。

(二)思想层面的优势

如前所述,辅导员自身的独特性致使其在开展思想政治教育过程中拥有思想层面的独特优势。第一,当前高校辅导员队伍特别是专职辅导员普遍处于中青年,他们与学生之间年龄差距小,生活的时代背景与社会背景大致相同,会有相似的思维方式与行为方式,因此在与学生沟通时他们能够找到更多的契合点,产生共鸣,能够理解学生的所思所想所需。第二,多数高校都要求辅导员深入开展"三进"(走进教室、走进寝室、走进课堂)"三做"(引导学生学会做人、做事、做学问)"三了解"(了解学生思想状况、了解学生需求、了解学生规划)以及"三提"(提问题、提意见、提建议)活动,通过这些活动的开展与实施,能有效帮助辅导员全面了解学生思想、学习及生活中的状况,为后续相关工作的开展奠定坚实的基础。第三,按照《规定》,高校在招聘辅导员时基本都要求是党员,且多数辅导员都曾担任过学生干部;部分兼职辅导员是来自教学一线的优秀青年教师。他们都有一个共同的特点,那便是具备较高的党性修养、过硬的思想政治素质、较好的人格魅力,是学生学习的榜样,能够起到良好的示范作用。以上三个优势无疑使辅导员在开展思想工作时,拥有得天独厚的交流优势。如果我们将某思想比作为一件独立的"思想产品",那么该产品就涉及设计、生产、流通、销售等各个环节。辅导员作为学生思想教育的主要参与者或主导者,鉴于其思想优势,可以从源头上把好"思想产品"的质量关,将一些偏激的甚至是错误的意识产品从源头上切断与学生的联系,运用学生乐意接受的方式开展"思想产品"的设计,让该产品更加生动,以此来吸引广大学生主动参与、主动学习、主动传播。

(三)情感层面的优势

辅导员作为奋斗在学生管理第一线的教师,主要负责学生的思想政治教育以及日常管理工作。他们在与学生的相处过程中结下深厚的情谊,逐步成为大学生群体最为亲近也最想主动亲近的教师群体。这一情感积淀使辅导员在开展思想教育工作时拥有其他类型教育者无法比拟的情感优势。从辅导员的视角来看,根据辅导员的工作职责要求,辅导员必须经常深入学生宿舍、走进教室与课堂,全面了解学生日常学习及生活的情况,积极组织各项活动,增强班级凝聚力。由此,辅导员能够全面了解学生的思想状况、生活近况,了解学生所需、所想、所为。他们通过与学生深入交流,逐步进入学生的内心世界,了解学生的精神世界,了解学生真正的想法,这便使辅导员在开展思想工作时拥有更有利的条件。从学生的视角来看,通过与一位具有人格魅力、对待工作认真负责的辅导员长时间地接触,学生慢慢能体会到辅导员对他们的良苦用心,从而对辅导员产生亲切感、信任感,甚至是依赖感。伴随着这些情感体验的加深,学生会主动向辅导员敞开心扉,使辅导员的所言、所为得以有效地进行传递,这无疑极大地提高了辅导员开展思想教育的有效性。通过调查我们发现,在多数大学生心中,一名具有人格魅力、拥有较高信誉的辅导员对他们来说,既是老师,亦是朋友,也是家长,他们对于这样的辅导员的思想教育非但没有任何的反感抵触情绪,反而乐于接受。一名优秀的辅导员,其身上所散发出来的人格魅力,能潜移默化地影响学生。辅导员在开展学生思想教育过程中应该充分挖掘自身的潜能,本着育人为本的思想,热爱自己的本职工作,关心关爱学生,以饱满的工作热情、负责的工作态度、有效的沟通方式,搭建与学生沟通的友谊桥梁,在努力提升自己综合素质的同时塑造独具特色的人格魅力,这样才能使思想教育真正建立在情感优势的基础之上。

(四)资源层面的优势

在实践工作中,辅导员作为学生管理的第一负责人,学生的评优、评先、评奖以及推优入党的工作都是由辅导员负责的,这使得辅导员掌握了其他思想教育教师所不具备的资源优势。这些资源优势为辅导员的思想教育提供了有利条件,使得辅导员在教育过程中掌握主动权。那么,辅导员如何将这些资源优势转换为思想教育优势呢? 这便需要辅导员把握好利益诱导原则。辅导员在运用利益诱导原则开展思想教育时应该把握好尺度,要注意任何事物都是具有两面性的,要一分为二地来看。当辅导员发现学生正在追逐某项利益时,我们不能对学生进行一味地指责、批评,而是应该好好地利用自己的资源及平台优势,引导学生进入我们为其预设好的情境之中,潜移默化地影响学生的思想和行为。辅导员在此过程中不能滥用利益诱导,应该更加注重引导学生的思想,帮助其树立正确的思想观念。

(五)手段层面的优势

手段,是我们为了达到某种目的而采取的方法与措施。辅导员在开展思想教育的过程中,由于其身份的特殊性及资源等方面的优势,他们既可以利用第一课堂对学生进行思想教育,也可以采取创新性的活动方式对学生进行潜移默化的影响。在手段的选择上,辅导员相较于其他教育主体具有更强的灵活性、创造性,具备其他教育主体所不具有的手段优势。比如在开展以马克思主义为核心的主流思想教育中,辅导员可以通过活动氛围的营造、创新活动方式的引导、主体人格魅力的感召及新媒体的运用等多种手段对学生开展隐性教育,这既避免了学生的反感,也达到了教育引导的目的。与此同时,辅导员在选择思想教育手段时,必须坚持为人民服务及为社会主义现代化建设服务的基本原则,在坚持党的四项基本原则的基础上,以正强化、正面引导教育为主,与负强化、负面警示教育为辅相结合,尽可能做到教书与育人相结合,在他律的基础上增强学生自我教育、自我约束的能力,将政治理论教育与学生社会实践生活、学习相结合,在解决学生思想问题的同时也能够帮助学生解决日常的实际问题,通过不断地摸索,探索出适合新形势下的当代大学生的意识形态教育新手段、新办法。

作为新时期的高校辅导员,在面临不同类型、不同个性特征及问题的学生时,应该充分挖掘自身所具有的各种优势,努力提升自己的马克思主义理论修养及业务能力,成长为一名合格的思想教育工作者。

第二节　严格选拔任用，激发辅导员育人的工作积极性

严格辅导员"选拔关"，是提高大学生思想素质的基础。高校辅导员的选拔必须按照《规定》执行，明确要求，严格把关，注重程序，创新方式、方法。

一、制定科学合理的选拔标准

严把高校辅导员"准入"关，吸引优秀人才充实高校辅导员队伍，打造一支素质过硬、结构合理的辅导员队伍，以推进高校思想政治教育工作的有效开展，提升大学生的思想素质。

(一)选拔标准

根据《规定》第七条的要求，辅导员应当符合以下基本条件：

(1)具有较高的政治素质和坚定的理想信念，坚决贯彻执行党的基本路线和各项方针政策，有较强的政治敏感性和政治辨别力。

(2)具备本科以上学历，热爱大学生思想政治教育事业，甘于奉献，潜心育人，具有强烈的事业心和责任感。

(3)具有从事思想政治教育工作相关学科的宽口径知识储备，掌握思想政治教育工作相关学科的基本原理和基础知识，掌握思想政治教育专业基本理论、知识和方法，掌握马克思主义中国化相关理论和知识，掌握大学生思想政治教育工作实务相关知识，掌握有关法律法规知识。

(4)具备较强的组织管理能力和语言、文字表达能力，及教育引导能力、调查研究能力，具备开展思想理论教育和价值引领工作的能力。

(5)具有较强的纪律观念和规矩意识，遵纪守法，为人正直，作风正派，廉洁自律。

(二)结构要求

大学生思想政治教育辅导员队伍的选拔，除了关注单个辅导员所应具备的能力、素质外，还应从整体出发，兼顾这支队伍的年龄、专业和学历结构。从年龄结构来看，应加强老、中、青的搭配，充分发挥各个年龄段成员的优势。从学历结构来看，实现博、硕、本相结合，在适应时代发展的要求下，不断调整其所占的比例。从专业结构来看，应强化专业知识结构互补理念，不要仅限于一两个专业范围内，应实现教育、管理与服务相统一。

(三)能力要求

1. 意识形态的研究判断能力

意识形态工作是党的一项极为重要的工作。高校肩负着为中国特色社会主义建设培养合格建设者和可靠接班人的历史使命，作为教育与引导主体的辅导员应该具备意识形态的

研究判断能力。伴随着我国改革开放的步伐不断加快,我国与世界各国的联系更加紧密,同时意识形态也显现出更加多样化的趋势,价值追求更加物欲化、舆情汇集更加网络化。处于经济转型期中的各种社会心理在高校都有所折射和反应,高校师生在思想意识、价值取向以及行为观念等方面的选择性、独立性、差异性也更加突出。这就要求高校辅导员能够运用正确的方法与手段,加强自身对于各种意识形态问题的研究判断能力。对于国内国际所发生的重大事件,辅导员应该保持高度的政治敏锐性,并能够在第一时间内做出正确的判断。辅导员应该掌握意识形态的底线、警戒线、红线在哪里,严格把控,合理耐心疏导,特别是在一些原则性的问题上,应该要旗帜鲜明地树立观念,敢亮剑,会亮剑,才能更好地育人成才、助人成长。

2. 社会思潮的管理、控制、引导能力

当前,伴随着互联网技术的不断发展,网络的普及率越来越高,信息的传递速度及数量正在以前所未有的速度向上攀升,这便给一些错误的价值观、错误的社会思潮,如"历史虚无主义"等思想观念提供了生存的空间和传播的途径。这些问题的存在,减弱了以马克思主义为核心和高校主流意识形态的控制力。高校辅导员作为学生教育与管理的一线工作者,拥有最多与学生接触、沟通的时间和平台,对于学生的思想动态、身心健康等也是最为熟悉的。因此,辅导员应该始终坚持以马克思主义为核心的主流意识形态标准,敢于管理、控制、引导学生,深入贯彻执行"三进",全面掌握学生的基本动态,加强对寝室、课堂、网络、校园文化活动的管理、控制及引导,以"党建促团建",采用以点带面的工作方式,促使红色地带在学生当中不断扩大,尽力转化灰色地带,并且坚决消除黑色地带,严格控制各种舆论阵地和学生迷茫的思想焦点,主动出击、发声,做好学生的榜样及意见领袖。

3. 马克思主义理论传播能力

习近平总书记在哲学社会科学工作座谈会上指出,我国哲学社会科学的一项重要任务就是继续推进马克思主义中国化、时代化、大众化,继续发展 21 世纪马克思主义、当代中国马克思主义。因此,作为辅导员应该深入把握新媒体时代的特点和规律,抓住重点,探索途径,扎实传播并推进马克思主义理论。当今的各种新媒体,如 QQ、博客、微博、微信等不仅成了各种社会思潮、利益诉求、思想观念大交流的重要集散场所,更是意识形态领域斗争和较量的重要舆论阵地。在这种时代背景下,辅导员传播并推进马克思主义,必须进一步提高新形势下利用移动互联网和新兴媒体促进马克思主义理论传播的能力和水平,坚持运用马克思主义的立场、观点和方法加强对新兴媒体和学生的引导,用主流意识形态营造健康向上的网络舆论环境,强化互联网领域的舆论阵地建设。除利用新媒体开展传播推广外,辅导员还必须会利用传统渠道和自身的独特优势,将马克思主义理论和中国特色社会主义理论体系教育融入并落实到具体的各个工作方面,贯穿学生管理服务全过程,以学生乐于接受和交流的方式,不断增强大学生对马克思主义的政治认同、理论认同和情感认同,增强大学生对中国特色社会主义的道路自信、理论自信、制度自信。

4.统筹意识形态工作与日常事务性工作的能力

学习习近平同志在全国宣传思想工作会议上的重要讲话,充分认识到意识形态工作政治性强、涉及面广的特点。辅导员平时行政事务性工作较多,如何统筹协调好二者之间的关系,将意识形态工作纳入学生日常管理工作中便显得尤为重要。辅导员应该学会从繁杂的事务性工作中跳出来,认真提炼、总结经验,将经验提升为理论,运用理论来指导实践工作,将意识形态工作融入日常教育与管理过程中,实现教育管理的科学化、法治化和规范化,做到动静结合、虚实结合。充分利用国家奖助学金评定、职业生涯规划与就业指导等工作的开展,翔实、清楚地宣传国家的政策,激发学生爱党爱国热情。

二、严格辅导员选拔程序

辅导员队伍的选拔,必须在明确要求的前提下,严格按照选拔程序进行,坚持民主、科学、公平、公正、完整与透明,让真正优秀的人脱颖而出,加入这个队伍。为此,选拔程序一定要做到"两个结合"。

(一)坚持高校党委领导和相关部门参与相结合

辅导员的选拔应该坚持高校党委领导和相关部门参与相结合。在辅导员选拔的全过程中,高校党委必须始终牢牢把握辅导员选拔的方向、政策和指导思想,各相关部门的参与主要是为了着眼细节,从实践的可操作性方面掌握尺度,两者缺一不可。因此,各高校必须严格遵守党委的统一领导、组织,纪检、人事、学工部门以及相关院系积极参加。这一结合体现了高等教育的办学大政指导方针和办学政策的有机结合。

(二)坚持"方与圆"相结合

"方"指的是原则性,"圆"指的是灵活性。辅导员的选拔,必须严格遵守相关规定,原则性的东西不能忘,更不能破。原则是基础,灵活是发展,原则是灵活变化的度,灵活是在原则限制范围内的灵活。在辅导员的选拔问题上,需二者结合,灵活性主要体现在选拔的方式和途径上。比如,采取公开选拔推荐的方式,应当注意把有特长、有潜质、有发展前途的符合这项工作的优秀人员优先甚至破格录用,防止单纯"一刀切"现象。高校在保证大学生思想政治教育队伍选拔公平、公正、公开的前提下,可以接受组织推荐。

三、拓宽辅导员选拔渠道

根据1980年教育部、共青团中央联合发出的《关于加强高等学校学生思想政治工作的意见》,政治辅导员应该从政治、业务都好的毕业生中选留,或者从教师中选任。这也成为当前多数院校在开展辅导员选聘时的主要渠道。但是,伴随着时代的发展、形势的变化,辅导员队伍选拔,除了从传统的选留优秀毕业生、优秀毕业生干部及教师中选任外,参与选聘的领导与工作人员还应不断开阔视野,扩宽辅导员队伍的选拔渠道。

(一)深入挖掘本校内的优秀人才

相较于从外校聘请的人员,本校内优秀人才已经在学校待了四年乃至更长的时间,对学校的基本情况、学生以及专业等都有深刻的了解。因此,深入挖掘并鼓励此类优秀的博士生、硕士生以及本科生参与辅导员的选拔。本校的经历能有助于他们更快、更好地适应辅导员的工作,提升辅导员的工作效果。

(二)注重引进校外优秀人才

目前,高校辅导员人才引进更多来源于其他高校优秀的应届毕业生,在引导大学生做"追梦人"、引进辅导员时,应该特别注意从师范类大学中引进具有思想政治专业、教育学专业、管理学专业背景的学生。具备这些专业背景的优秀学生,他们自身具备良好的马克思主义理论素养,拥有较强的人际沟通协调能力,懂教育理论,能够深入分析学生的思想及心理动态,相较于其他类型学生更加适合辅导员这支队伍的工作需求。

(三)注意引进与吸收海外留学归国的优秀人才

在辅导员的选拔渠道方面,除了将目光放在本校及外校的优秀毕业生上,也可以适当地将辅导员选拔放在海外留学归国这部分优秀人才上面。结合时代的发展,越来越多的人出国深造并回归祖国、报效祖国,他们拥有较高的专业水平、丰富的生活经验及阅历,具备稳定的价值观,可以为学生的世界观、人生观、价值观等方面给予帮助与指导,也更容易获得学生的信任与尊重。

四、创新辅导员选拔方式

创新辅导员选拔方式,需要将笔试、面试和考察相结合,针对目前辅导员选拔中的不足,有针对性地进行提高,确保选拔效率与质量的双提升。从三个环节来看,应该进一步弱化笔试环节及其所占的比重,强化面试环节及其所占的比重,积极利用先进的人力资源管理理论和国内外人才选拔的经验及技术,全面综合地考察面试人员的综合素质是否适合辅导员工作岗位与要求。与此同时,在探索高校辅导员选拔方法时,对于一些非常优秀的人员可以省去笔试环节,直接进入面试和考察,担任相关职务。并且实行人才储备计划和优秀人才库计划,将适合辅导员工作岗位、优秀学生管理储备干部等人才纳入相应的人才库中,对其进行有针对性的重点培养。在高校相应学生管理及辅导员岗位出现空缺时,他们便能成为最有效的补充,在减少人力资源招聘成本的同时,提高选拔质量与效率。

五、建立辅导员选拔的反馈机制

高校在开展辅导员人才选拔时是需求方,在完成招聘后应该及时地总结经验和不足,找出问题的解决方案。如解决人才招聘中所面非所需这一问题,招聘方学校就应该及时加强与供给方学校之间的沟通与交流,将自己的需求有效地传递给供给方,才能确保高校在培养人才的时候按照用人单位的需求展开,培养出适合岗位要求的优秀人才,实现双赢。

第三节　坚持养用结合，加强辅导员队伍建设

辅导员队伍是高校意识形态教育的主体之一，其整体素质将直接关系到高校学生意识形态工作的成效。辅导员走职业化发展道路，全面提升他们的工作能力与水平，以不断适应当前高校意识形态教育发展的要求，加强辅导员队伍之间的传帮带培养是其必然之路。目前高校意识形态教育辅导员队伍培养虽然已经有一定的体系，但是伴随着意识形态与队伍本身之间的变化及实际情况的发展，需要对其进行科学规划，采用动态培养方式，不断完善大学生思想政治教育辅导员培养队伍的创新机制。

一、坚持"养"与"用"相结合的原则

高校辅导员队伍是教师队伍、学生管理队伍的重要组成部分，是高校在开展思想政治教育、意识形态教育等工作的骨干力量。高校辅导员队伍走专业化、职业化发展道路是应对高校教育新形势的要求，是社会和国家的需要，是高校学生工作目标、意识形态工作目标达成的需要，同时也是辅导员自身职业发展的需要。在当前辅导员管理体制落后、辅导员队伍流动性增大、学历普遍较低、专业水平有待提升的整体情况下，为适应新挑战、新的时代要求，开展系统性和具有针对性的辅导员培养便显得尤为重要。在培养辅导员综合素质、使辅导员走上专业化发展道路之时，我们必须要树立起"系统培训和针对性培训相结合，长期性培训和阶段性培训相结合，养与用相结合"的理念，把以马克思主义为核心的主流意识形态教育融入高校辅导员培养的整体工作规划当中，统筹协调好培养资源与培养节奏，既保证遵循人才培养的客观规律，同时也有针对性地加强社会培养载体及内容，使培训避免流于形式，促使其取得实际效果。与此同时，还应注意辅导员的工作性质，既要开展阶段性的集中培训，也要有针对性地开展长期性培训，使长期性培训与阶段性培训相结合，使辅导员的综合素质通过量的积累最终形成质的飞跃。最后，在利用辅导员培训促使其走专业化道路的过程中，还要秉持辅导员"养"与"用"相结合的理念，坚持在培养中使用、在使用中培养的基本理念，构建高校辅导员队伍的培养制度，才能切实保证高校辅导员队伍培养环境的全面优化，推进辅导员队伍的专业化、职业化发展之路。

二、推进培养工作的全面展开

高校辅导员队伍培养的核心目标是全面提高辅导员队伍的总体综合素质，高校辅导员队伍应该具备的基本素质主要包括思想政治素质、专业素质、文化素质、心理素质以及能力素质。因此，高校辅导员队伍培养的主要内容有以下几个方面。

（一）切实加强政治素养和师德修养

高校辅导员本身的素质、人格对于大学生的人生观、价值观、道德观的形成有着潜移默化的作用，有着较大的号召力和影响力。所以，高校在辅导员队伍培养过程中要切实加强他们的政治素养修炼，辅导员必须系统掌握马克思列宁主义、毛泽东思想和中国特色社会主义

理论体系,尤其要重点掌握马克思主义哲学,因为它是科学的世界观、方法论,为人们提供正确的思维导向。加强师德师风培养主要是加强培养辅导员的敬业精神,让他们热爱社会主义高等教育事业,增强责任感,乐于教书育人,乐于奉献,做社会主义核心价值观的践行者和学生的楷模。

(二)深入开展专业和文化素养培养

为适应时代发展的要求,高校辅导员必须努力提高业务素质和知识水平,这些知识主要包括专业知识和相关人文社会科学知识。首先,只有掌握好思想政治教育工作的基础知识和基本规律,才能将学生的思想政治教育工作做到实处,主流意识形态教育才有实效。科学的教育思想及教育理论知识也必不可少,只有树立科学的育人观,才能注重学生的全面发展。其次,要重视相关人文社会科学知识培养,如中国历史、文化学、经济学、社会学等知识,这样才能做到博古通今、触类旁通、与时俱进。

(三)大力推进能力培养

(1)要培养出色的语言和文字表达能力,会讲也要会写,善于与大学生对话交流,掌握一定的沟通技巧。

(2)培养与提高调查研究的能力。要了解学生的思想状况和活动规律,就要拥有良好的调查研究能力,"全""快""准"地获得信息。

(3)提升网络教育能力。互联网迅猛发展,带来文明的同时,也使得拜金主义、自由主义、享乐主义等思潮泛滥,如何教育大学生运用马克思主义的立场和观点观察问题、分析问题,树立正确的人生观和价值观,辅导员必须学习和加强网络教育能力,运用现代科学技术手段,发展和丰富工作方法。

(4)创新能力培养。现代社会经历着剧烈的深刻变革,有着无数新挑战和新机遇,需要教育者具有创新精神特别是创新能力。辅导员也必须不断增强创造性,发挥创造力,才能更有效地开展工作。

三、构建辅导员分层培养体系

加强辅导员队伍建设,应从实际出发,根据需要,采取多种形式手段开展,主要有以下几个方面。

(1)开展校内在职培训,在工作实践中培养人才。一方面,对新从事这项工作的人员集中进行岗前培训,帮助他们迅速熟悉环境,了解工作内容与流程,以便更好地进入工作状态。另一方面,定期对在岗人员开展培训,通过更新知识、交流经验等方式提高理论水平和工作能力。

(2)进行脱产进修培养。高校应创造条件,鼓励和支持辅导员进一步深造学习,不断提高队伍的素质。

(3)鼓励自学。现代社会是一个学习型社会,只有具备终身学习能力的人,才能不断满足社会发展的需要。辅导员必须不断加强自我学习,完善自己的知识结构,理论联系实际,学以致用。

与此同时,高校在落实辅导员队伍培养工作实践中,必须注意分层次、分阶段进行培养,参照全国、省(区、市)、高校及院系四级培养的工作格局,开办校、院(系)教育人员培养学校(班),建立辅导员培养成绩体系。既要开展系统培养,又要组织具体学习,分期、分批选送培养高校辅导员,构建上下联动、整体推进、分层培养的组织格局,逐步完善培养环节。

四、提升辅导员的思想内涵

(一)引导辅导员"三想"

引导辅导员要为全面建成小康社会、实现中华民族的伟大复兴而奋斗着[①],引导辅导员为发展地方经济着想,为实现自己的人生价值、职业幸福和事业发展着想。

(二)引导辅导员"三做"

要成才先成人。要引导辅导员自觉肩负起历史的使命,争做一个有崇高理想和高尚品格,能诚实守信、遵纪守法的人;要引导辅导员做一个有决心、有恒心、有信心的人;要引导辅导员做一个学识广博、视野开阔、勇于创新、敢于拼搏的人。

(三)引导辅导员处理四方面的困难

一般来说,辅导员在职场中所遇到的困难,大多数可以归纳总结为以下四类:工作方面的困难、经济方面的困难、人际交往方面的困难和个人能力方面的困难。古人云"天将降大任于斯人也,必先苦其心志,劳其筋骨",纵观中国历史,有很多有成就的人,都是在苦难中逐渐成长起来的。我们虽然不希望辅导员在工作及生活中遭遇苦难,但是如果遇到了困难,也不要畏惧苦难,而应该学会怎么去解决这些苦难,更不能在困难和苦难面前低头。当辅导员遇到困难和苦难时,应该用一种积极的心态来看待,把它视为自己的一种财富,在克服困难与走过苦难的过程中,不断提升自己、完善自己,实现自己的人生价值。

五、构建辅导员经验分享及交流渠道

(一)搭建工作交流平台

高校可以利用自己的优势,创办融合学生管理、思想政治工作、就业工作、心理健康工作、意识形态工作、安全工作等于一体的读本或通讯等内部刊物,从事相关工作的教师及管理人员可以在此内部刊物中发表交流自己的工作经验的文章。这一方面提升了教师的归纳写作水平,另一方面也加速了有益经验的传递,为其他教师与学生管理者提供工作参考。与此同时,有条件的学校还可以每年举行辅导员工作论坛,通过专题报告或论文的形式拓展理论实务的学习途径,也可以通过论文评优促进工作研究及经验成果的转换,或通过交流推进学生工作及意识形态工作的创新发展。最后,学校还可以开发组建网络办公系统,加强辅导员之间工作交流的及时性,全面提升工作效率。

---

① 张晋.浅谈青年辅导员队伍培养[J].科教文汇,2012(4):5.

(二)将优秀辅导员引入思想政治理论课教学平台

根据高校的实际情况,通过学院党委决定可以将优秀的辅导员纳入思想政治理论课教师队伍之中,让他们参与部分思想政治理论课程的教学与研究工作。学校还可以根据辅导员的学历情况、理论研究功底、工作绩效,择优推荐辅导员进行相应的思政课课程讲授与小班讨论指导,形成大学生思想政治教育课上与课下的有机结合,既充实了思政课教师队伍,又培养、锻炼并提高了辅导员的综合素养。

第四节　创新辅导员队伍管理

一、创设"新制度",稳固辅导员育人新基石

(一)强化职能部门服务意识,依据辅导员角色定位减少事务性工作

当前,辅导员大量的事务性工作来源于与之相关的各个职能部门,如教务、组织、学生、财务、安全、就业等部分。这些部分涉及大量与学生相关的工作,而辅导员又是学生管理第一线工作人员,具有完成这类工作的天然优势,因此便成为各职能部门邀请协助完成工作的主要对象。由于学院管理体制的问题,职能部门大多缺乏服务意识,大量事务性工作委托辅导员后便直接造成其事务性工作过多。因此,辅导员必须要明确自己的角色定位,应该以思想政治教育工作为主、事务性工作为辅。从学院制度层面规范各职能部门的服务意识,用"服务"理念代替"管理"理念,以贴心到位的服务为辅导员工作提供帮助,尽可能减少其事务性工作。

(二)强化领导体制优化发展通道,畅通辅导员转岗通道

学生工作是高校重点工作之一,解决辅导员的职业倦怠,需要从制度层面强化领导体制,优化辅导员发展通道。在此,我们可以借助三个着力点。

(1)加强和完善现有的领导体制,增强学生工作的推动力[①]。高校应成立学生工作委员会,由分管副校长担任主任,负责学生工作、安全工作、组织工作、就业工作的部门负责人以及各教学系的书记参加,形成"党政负责,齐抓共管"的领导体制。

(2)《高等学校辅导员职业能力标准(暂行)》指出,辅导员具备教师和干部双重身份。因此,从辅导员职业生涯规划与发展来看,应畅通辅导员向行政管理岗位转岗的通道。对辅导员坚持"养与用"相结合的培养原则,建立起相应的干部选拔体制来吸引有转岗需求的优秀辅导员。

(3)《高等学校辅导员职业能力标准(暂行)》对高校辅导员职业概况、基本要求、各级能

---

① 王宇翔.加强和改进高校辅导员制度建设,确保高校意识形态安全[J].吉林省教育学院学报,2016(8):114-116.

力标准进行了规范和要求。高校应按照"重点培养、个别突破"的策略把愿意将辅导员职业当成自己毕生职业的教师进行重点培养,为其提供制度保障和资源保障,促使其更快地成长和发展。

二、抓住"新特征",强化辅导员育人针对性

(一)辅导员队伍管理是以创新为主导的发展性管理

全球化浪潮汹涌,互联网迅速普及,整个社会日益呈现出多元化的景象,尤其是中国,正处于特殊的社会转型时期,经济快速增长,利益日益分化,社会急剧变迁,矛盾不断激化,使得大学生意识形态教育队伍管理不得不面对新情况、新挑战。如何应对这些新情况、新机遇,唯有进一步加强辅导员队伍管理,以创新促发展。紧密结合时代背景,努力突破传统的框架和经验模式,探索新的辅导员队伍管理的形式、途径、方法,构建理念先进、内容丰富、形式多样、体系开放的以创新为主导的发展性管理机制。

(二)辅导员队伍管理是以党委为领导的目标性管理

辅导员队伍必须始终牢牢坚持党委的统一领导,服务于中国特色社会主义事业的健康、有序、和谐发展。为了实现这一宏大目标,辅导员队伍管理必须牢固树立党的领导的观念,高校党组织应依据科学管理,通过计划、组织、指挥、协调等手段开展切实有效的活动。

三、运用"新策略",提升队伍管理的实效性

(一)明确队伍管理理念,夯实队伍管理的基础

加强辅导员队伍的管理,需要首先明确其管理理念。没有先进的管理理念作为指导,管理工作往往容易陷入盲目、不自觉、不清醒。辅导员队伍的管理应该坚持解放思想,要与时俱进,变被动为主动,树立辅导员队伍管理新理念。

(1)树立以人为本的理念。管理以人为中心,加强辅导员队伍管理也需要牢固树立以人为本的理念,从人的实际需求出发,运用人性化的管理手段,尊重人、关心人、理解人,这是做好管理工作的基本前提,也是提高管理实效性的基础。

(2)树立服务至上的理念。管理归根到底是一种协调人的活动,其宗旨便是服务人。强化辅导员队伍管理必须坚持服务理念,认识到管理过程中的每个环节都具备服务性质,服务于辅导员发展,服务于辅导员所开展的意识形态工作,以此来确保辅导员能够全身心地投入到教育工作中,为其解除后顾之忧,为大学生意识形态工作的顺利开展、有序提升保驾护航。

(二)了解辅导员需求,培养辅导员能力

何为管理,管理是指以管理主体有效组织并利用其各个要素(人、财、物、信息和时空),借助管理手段,完成该组织目标的过程。对辅导员进行管理,提升辅导员管理实效性。作为管理主体,需要首先明白管理对象的所思、所想。因此,高校辅导员管理主体需要首先明白

辅导员的真实想法,了解每个辅导员的真实需求、个人的职业生涯规划,根据个体的不同情况,协助辅导员制定个人成长方案,帮助辅导员发展、提升。这将为良好的辅导员管理氛围,提升辅导员队伍管理实效性奠定基础。其次,辅导员自身也应加强学习,努力提升自身修养。辅导员要想在开展具体工作中做到游刃有余,还必须首先强化自身素质,明白"打铁还需自身硬"的道理。辅导员通过终身学习可以进一步提升自己的思想政治素养、道德素养和文化素养。第一,需要开展意识形态教育。辅导员自己首先要进行系统科学的学习,掌握党的各项基础理论和精神,要学会灵活地运用马克思主义观念、立场和方法去观察和解决实际问题。第二,要积极参加院系组织的各级各类业务学习和培训,提升自身的综合素质。第三,通过实践提升自身工作能力。辅导员必须通过发扬真抓实干的精神,锲而不舍地磨砺自己,勇于把新思路、新想法不断应用到实际工作中,拓宽工作思路,取得工作实效。辅导员拥有的强有力的综合素质有助于提升自己的成就感,强化队伍管理的实效性。

(三)明确辅导员岗位职责,掌握辅导员管理考核标准

首先,要切实贯彻执行国家教育主管部门及其省市教育部门制定的相关政策。党和政府就辅导员的工作曾先后发布多个纲领性文件。其中包括《中共中央 国务院关于进一步加强和改进大学生思想政治教育的意见》、教育部《关于加强高等学校辅导员班主任队伍建设的意见》《普通高等学校辅导员队伍建设规定》等纲领性文件。高校认真贯彻执行这些文件,是增强辅导员管理实效性的基础。只有将这些文件精神真正贯彻、执行与落到实处才能确保对辅导员的管理不偏离国家及教育部的相关规定。

其次,要通过科学的手段,细化、明确、规范辅导员岗位职责。高校人事部门应该会同辅导员管理部门,开展深入的工作分析,再结合本校实际情况,科学合理地制定出本校辅导员的岗位职责及任职资格要求,让辅导员在具体工作中对自己的工作内容与评价方式做到心中有数。这不仅会提升辅导员的工作绩效,也会强化高校对辅导员队伍的管理水平。

(四)树立服务意识和规范意识,强化民主管理

高校在探索与加强辅导员队伍管理的各项工作中,应该采用以服务辅导员为中心的管理模式,努力为其服务,为其教育工作服务,为其营造出舒适的工作环境和宽松的学习氛围,为其所开展的活动及项目提供资金及技术支持,创造良好的工作条件,让辅导员在教育过程中能够放下包袱,以轻松舒畅的心态开展工作。

在具体的工作中,多一点服务意识,认识到这一点并不困难,关键在于如何将其具体落到实处。与此同时,提升高校辅导员队伍管理的实效性,还需要从经验管理方式转换为规范管理方式,强化民主管理。高校辅导员队伍管理必须以客观事实为基础,将大学生的实际情况作为出发点,将成熟的、富有实效的经验进行总结、提升,形成规范性的、制度性的东西。在开展辅导员队伍管理过程时,不能仅凭经验随意决定,而是要采用科学的管理程序、方法及原则,确保队伍管理工作的协调性及有序性。强化民主管理,主要是充分发动和组织辅导员队伍参与管理,调动积极性,不断提高辅导员队伍管理的实效性。

第五节 结合时代特色,构建辅导员队伍考核新框架

考核是队伍管理的基础,在辅导员队伍管理中具有基础性、战略性和根本性的作用。通过抓考核,不仅可以检验辅导员队伍工作效果好与坏,也可以通过考核,将具体的工作落到实处,还可通过发现问题、总结经验、奖励先进、鞭策后进,提升辅导员的工作活力与效果。

一、把握思政育人新形势,明确考核方针与原则

高校辅导员队伍考核的创新,必须明确考核的方针和原则。这是构建高校辅导员队伍考核体系的基本前提。

(一)坚持科学的考核

辅导员队伍考核必须科学地确定考核标准、时间、内容、方式、方法和程序。考核从标准的确定到结果的运用,整个过程要尊重科学,符合客观规律。正确运用现代科学技术手段,准确评价辅导员的思想水平、工作能力和工作实效。

(二)坚持公平、公开、公正的考核

这是保证辅导员队伍考核工作真正实施、取得实效的关键。坚持公平、公正、公开考核,避免把个人喜好、主观倾向带进工作,消除不必要的认知因素障碍,避免考核中的主观性。

(三)坚持简便易行的考核

辅导员队伍考核的具体操作要简便,在科学性的前提下,简便清晰,方便实施,以尽可能少的投入,达到尽可能好的考核效果。只有具备可操作性,以可测的具体指标和简便的考核手段进行考核,才能有利于考核工作的顺利进行,并长期坚持。

二、结合思政育人新重点,建立考核制度与内容

辅导员队伍考核的内容,简单来说即考核什么。在确立具体考核内容时要注意以下两个方面:第一,要选择有考核价值的、对进一步改进辅导员队伍建设工作有益的项目,立足于辅导员队伍建设创新的需要;第二,考核要从整体、系统的高度分析和选择考核项目,以期尽可能全面地反映辅导员的德、智、能、勤、绩、廉等方面的综合情况。

(一)思想政治理论素养

思想政治理论素养是考核辅导员队伍的基本内容。考核其最基本的政治立场、观点和态度,是否能够运用马克思主义认识与分析问题,甄别各种思想,指导自身实践;是否坚持社会主义方向,执行党的路线、方针与政策,勤勉敬业,遵纪守法,公正廉洁,维护正常的工作和社会秩序;是否坚持社会主义核心价值观,树立爱国主义、集体主义思想,具有良好的道德修养。

(二)工作业绩

工作业绩是考核辅导员队伍的主要内容,是考核内容的核心部分。它不仅体现考核的公平与公正,也是调动辅导员主观能动性和工作积极性的催化剂,充分发挥他们的潜能和聪明才智,促进大学生思想政治教育工作的进步。工作业绩主要可从其工作数量、工作质量、工作效率及工作效益方面综合考核,以工作的实际成绩为标准。

三、找准思政育人着力点,创新考核方式与手段

(一)坚持定性和定量相结合

辅导员的工作复杂多变,有些可以量化,有些则难以量化。为避免机械量化的弊端,同时也避免主观随意性,需将定性考核与定量考核相结合,把握质和量两方面,使考核结果更加符合实际情况,力求使考核全面、客观、准确。

(二)坚持动态与静态相结合

大学生的思想处于动态变化之中,必须把考核放在整个过程之中,既要看到原有的基础、当前的现状,也要看到发展的潜力和趋势,展开全面的动态考核。但是,整个动态过程也是由一个个静态构成的。所以,在考核过程中需坚持动态与静态相结合。

(三)坚持重点抽查与全面考核相结合

重点抽查是选择具有代表性的某一个或几个方面进行考核,往往较为深入细致,但难免片面。全面考核是全方位地对各个内容逐一考核,较为费时费力。为此,在辅导员队伍考核过程中坚持重点抽查和全面考核相结合的方式,以保证考核结果的科学性和全面性。

(四)坚持自我考评与组织考核相结合

坚持自我考评和组织考核相结合,以保证考核结果的有效性、客观性和全面性。首先,因为组织考核具有较强的客观性和权威性,所以对辅导员队伍的考核应以组织考核为主导。其次,自我考核也必不可少,"吾日三省吾身",通过自身检查,自觉总结经验,找出存在的问题,有利于辅导员更好地改进工作。积极地把自我考评和组织考核相结合,才能更好地彰显辅导员队伍考核的目的,进一步加强和改善辅导员队伍建设,推进大学生思想政治教育工作的发展与创新。

第八章 新时代大学生思政育人长效机制的路径分析

构建并实现高校思想政治教育长效机制，必须在战略上要有前瞻性，在内容、方法上要与时俱进，形式上要以大学生为本，紧紧抓住加强规划、完善制度、规范管理、充实队伍、总结评估等环节，稳中求进、稳中求质、稳中求突破、稳中求创新，以实现高校思想政治教育的科学化、制度化、规范化、经常化和实效化。

第一节 课堂教学灌输与校园文化、社会实践多渠道的渗透机制

一、创新课堂教学灌输方法

大学生思想政治教育教学灌输方法就是对大学生灌输他们不了解的或者不具有的先进思想意识，引领大学生用自己的视角来认识问题、分析问题，明辨是非，认清生活中的马克思主义理论，服务社会，承担为社会主义现代化建设的历史使命。就目前而言，高校思想政治理论课课堂教学还不能脱离灌输式方法，大学生大部分时间还是要在课堂接受理论知识的学习。但是，一定要在原来的灌输教学方法上与时俱进、有所创新，与校园文化建设和社会实践有机结合起来，以此实现更好的思政育人效果。

（一）显性灌输与隐性渗透有机结合

1. 通过渗透式教育，强化显性教育中的隐性渗透

渗透式教育既是显性教育的一个重要特点，也是显性教育与隐性教育相结合的一条重要途径。它通过有意识地设置一定的生活环境和文化氛围，巧妙地借助语言、文学、体育、艺术等工具，开展丰富多彩的群体活动，倡导优良的校风、教风和学风，对学生进行熏陶和感染，使他们在不知不觉中，自我感受和领悟"学什么"和"怎么学"，使思想政治教育达到"润物细无声"之功效。

2. 加强校园文化建设，陶冶学生的道德情操

加强校园文化建设是陶冶式教育的重要载体，是显性教育与隐性教育相结合的最好形式。其主要措施有美化校园环境、开展丰富多彩的文化艺术活动、重视舆论导向、加强校风

建设。美的事物、美的环境可使大学生赏心悦目,身心愉快,并自觉约束自己不合乎道德的行为。所以,道德教育要善于利用多种方式,加强校园文化建设,以激起学生对美的情感体验,净化学生的心灵,陶冶学生的情操,开启学生的智慧,促进学生全面发展。

3. 注重实践活动,培养学生的道德行为

思想政治教育的目的不仅是使大学生掌握有关的道德规范、原则和价值观,而且要形成相应的行为习惯。只有通过实践活动,才能把显性教育与隐性教育有机结合起来,通过实践来认识、领悟道德规范,达到自我选择和自我教育的目的。社会实践活动的具体形式是多样的,主要有参观访问、社会调查、参加生产劳动、社区服务、军训及多种兴趣活动。学生通过这些活动,不断提高思想认识,丰富情感,磨炼意志,树立信念,形成巩固的行为习惯,以达到增强德育实效的目的。

4. 抢占网络文化阵地,增强思想政治教育实效

网络文化是一种不分国界,不分地区,建立在互联网基础上的信息文化。它具有内容丰富、传播迅速、影响广泛、能控率低、参与平等、服务个性化等特征。因此,通过互联网涉足网络文化、获取知识,已成为越来越多的人的一种必然选择。对于网络时代的发展,反应最强烈的是青少年。电脑、手机等已经与大学生形影不离,因为他们思想活跃,容易接受新事物,也善于适应新时代的发展要求。如果让他们在网上成了腐朽文化的"俘虏",则是教育的失败。因此,抢占网络文化阵地,绝不能等闲视之,要让网络真正成为学生学习的园地和成才的基地。

总之,显性教育与隐性教育,二者相辅相成,互为补充。在实践中,不能割裂二者关系,更不能片面化和绝对化,同时要注重隐性教育的负面影响,加强学校道德教育资源的有效配置,切实提高道德教育工作的实效性。

(二)灌输方法与启发教育有机结合

作为思想政治教育的重要对偶范畴,灌输与启发并不是截然对立的。从目的论、内容论和方法论三位一体的视角出发,灌输和启发完全可以达到融合和统一。灌输是启发的原则和目的,启发是灌输的实现形式。

1. 灌输为启发提供了方向和理论上的指导

应当看到,启发的结果往往带有不稳定性,如果没有明确的事先预设的灌输内容,教育对象产生的思想观念难以持久,有时也可能会和社会提倡的主导价值观念背道而驰。只有鼓励受教育者向灌输设定的目标发展,使之形成习惯性的行为,才能成为支配教育对象行为的决定性力量。完全抛弃灌输的教育内容与目标只会使人们的思想体系成为无源之水、无本之木,也会让人们放松对自己思想的要求,导致对利己主义过分宽容。灌输原则必须深化于启发过程之中。无论运用何种教育方法,都必须鲜明地突出灌输的主导地位。要明确启发只是手段,而灌输才是目的。要避免因过于强调启发,强调思想政治教育的主体性、生动性而忽视原则性、目的性,从而出现思想政治教育随意化、庸俗化的倾向。

启发教育的一个重要内容就是激发教育对象大胆地怀疑甚至批判思想政治教育中的落后观念,但一味地批判、否定,必然会走向虚无主义的极端,也就违背了思想政治教育的目的。这就要以灌输原则指导启发教育,在"破"的同时要不断地"立",并重在建设,以"立"为本,要使启发教育中的"破"不是对思想政治教育内容的整体的否定,而是对不完善部分提出的反驳和改进。同时,启发会使教育对象产生各种各样的思想,对于这些思想意识,要以灌输的教育内容为标准对其进行鉴别,对有利于社会进步和个人发展的思想要加以弘扬,对不利于社会进步和个人发展的思想要加以否定。

灌输增强了大学生认识世界、改造世界的能力,也增强了启发和自我创造的能力。通过灌输教给大学生科学的世界观和方法论,客观上为提高大学生认识世界和改造世界的能力提供了理论基础和思想工具。灌输既是正确启发的前提,又为进一步启发创造了条件。

2. 启发增强灌输内容的接受效果

(1)启发为灌输提供多种传输形式。启发教育要充分发挥新闻媒体的辐射作用,增强对灌输内容的宣传力度,增强灌输内容的感染力、吸引力和说服力。启发教育要重视充分发挥群众性精神文明活动的作用,使大学生在参与和竞争中接受教育。同时,要重视发挥文化的社会教育功能,通过文学、艺术等形象化教育方式,将灌输内容融于具体生动的表现形式之中,增强灌输内容的可接受性。启发式教育方法能够实现灌输内容与受教育者自身利益的结合,充分调动受教育者自觉接受灌输的能动性。通过用事实说话、比较研究和现身说法,用形象生动的事实对马克思主义基本理论做出客观、辩证、科学的解释,引导大学生思索灌输内容对于个体的价值,使高校大学生明确具备科学的思想理论是实现自身价值的重要条件。

(2)启发为灌输提供内容创新。启发教育的重点不但在于讲清理论是什么,更要鼓励教育对象探讨为什么,使其在知其然的同时知其所以然,能够使其从历史脉络和现实需求中,充分认识思想政治教育理论的客观必然性,同时鼓励他们积极进行理论探索,为进一步丰富和发展灌输内容开辟道路。启发教育能使思想政治教育更关注大学生的生活,关注社会热点问题,在新的形势下通过教育者与受教育者的共同创造,将反映时代气息的内容增添到思想政治教育的内容中去。

(三)灌输教学与自我教育有机结合

灌输的实质就是不断地向大学生传授正确的思想,培树正确的价值观、世界观、人生观和择业观,影响大学生的思维,提升其明辨是非的能力。大学生自我教育是在灌输过程中不断自我反省、自我思考、自我改造主观世界的过程。灌输教学方法与自我教育方法都是高校思想政治理论课教学中的重要方法,二者相辅相成,有机统一。高校思想政治理论课既是教师通过课堂从外部灌输的过程,也是一个大学生自己思考并内部消化的过程。一方面,灌输教学是大学生自我教育的前提和基础,如果没有马克思主义、毛泽东思想、"三个代表"重要思想、科学发展观和习近平新时代中国特色社会主义思想的灌输,就没有自我教育的启蒙与引领,大学生自我教育的自觉程度就会受到影响,自我控制、自我约束行为的能力也会失去理智的基础。另一方面,大学生自我教育是实现理论灌输目的的重要途径,灌输方法是实现高校思想政治教育的外在条件,这种外在因素能否在大学生身上发生作用,主要取决于内在的消化、吸收功能,即自我教育能否发生作用,以达到健康成长,完善自我。

(四)重视现代科学技术的运用

1. 进一步开发、创新网络平台

目前,许多高校在思想政治理论课网络教学硬件环境和软件环境建设模式中都取得了一些成效。硬件环境主要是校园网和网络化教学场地(多媒体网络教室、电子阅览室、网络语音室等)建设,软件环境包括网上教学资源管理模块、教学系统维护模块、教学管理模块。

2. 合理使用新闻视频资源

首先,借助新闻视频资料感性教育的功能来实现理论与实际的结合、历史与现实的对接,将思想政治理论课变抽象为生动,有利于突破教学重点和难点,激发大学生对思想政治理论课学习的兴趣。其次,要精心选择贴近生活、贴近实际、贴近大学生,与课堂教学内容相关联、新鲜真实、有思想、有艺术价值的新闻视频资料播放。最后,要设计好教学环节,把握好新闻视频播放时机,做好教学内容与新闻视频资源的总结、评价以及理论上的升华。

3. 发挥红色经典资源作用

红色经典艺术作品作为我们党领导各族人民在团结奋斗伟大实践过程中形成的重要文化成果,因其丰富的表现形式、喜闻乐见的传播方式,具有极强的感染力。将红色经典艺术融入思想政治理论课教学,既能使红色经典艺术资源转化为思想政治理论课课程资源,还能改变思想政治理论课教学内容呆板、脱离实际、缺乏趣味性和可读性的现实。以红色经典艺术作品为内容,以"唱、读、讲、看、传"为载体,将美术作品鉴赏、革命歌曲传唱、励志故事宣讲、影视作品和好书共同分享等形式结合起来,开展丰富多彩的校园文化活动,激发广大学生主动参与的热情和意识,扩大参与面,强调互动性,促进红色经典文化的传播和影响。红色经典艺术资源能够通过"润物细无声"的渗透、主动参与式和体验式的感悟,加深大学生对历史的认识,提升大学生思想境界和道德境界,不断创新大学生思想政治教育的形式,培养德智体美劳全面发展的社会主义合格建设者和可靠接班人。

4. 微时代的教学模式探寻

微时代是一个蕴含着文化传播、人际交往、社会心理、生活方式等多种复杂语义的时代。微博、微信、微语录、微小说、微电影、微公益等迅速兴起,微时代带来的机遇使得时空性大为拓展,时效性大大提高,形式更加新颖,内容更为丰富。手机媒体已经成为报刊、广播、电视、网络之后的第五媒体。微时代的主要特征有信息的大众性(每个人都可以有自己的微博,人人都有麦克风),传播的流动性(以手机为信息平台,突破信息传播的时空限制),信息的迷你性(时间的琐碎决定了迷你信息内容更受青睐,"快餐式"的文化消费内容,没有耐心和精力接受冗长的信息),传播的瞬时性(要求信息传播者提供具有高关注度、大冲击力,并能在极短时间内吸引受众阅读兴趣的内容)和沟通的互动性(摆脱了原有的自上而下的单向式传播,展现出的是一种网络结构、双向结构,每个人都可以通过微博成为事件的参与者)。微时代大学生思想政治教育环境特点：舆论更加多变，舆情监控和引导要求更高；文化环境更加多样，"微文化"具有多元化的特点；社会心理环境更加复杂，微时代大学生的自我意识、自我认同心理进一步凸显，有了展示自我的平台，相互交往的需求更加强烈，潜藏的心理能量有了进一步释放的空间。

教学微时代主要指的是一种适应新媒体、适应新传播途径而发展起来的诸如微信、微博、微电影等微型化新型教学资源。其主要特点为时间短、容量小、内容精，适合在某一章、某一节使用，形式新颖，效果显著。尽管它在高校思想政治教育理论课当中刚刚开始探索，但是，以其能够改进教学方法、提升课堂教学实效和拓展教学途径的发展趋势应该成为今后教学改革的一种模式。根据教学内容，针对思想政治理论课中某一知识点、观点、理论、事件、热点问题，以课程或课件方式完整地进行选择、穿插和嵌入，要力求符合学生的兴趣、品位和学习特点，避免微课的娱乐化。

二、加强大学校园文化内涵建设

大学校园文化是大学在长期办学实践中所创造和逐步形成的一种独特的文化，这种文化不仅为全校师生员工所认同和遵循，而且是具有本校特色的理念和精神。它包括价值观念、校园精神、行为准则，以及蕴含在学校规章制度和学校环境之中的文化特色。大学校园文化具有多种功能，最主要的功能有五种，即导向功能、约束功能、凝聚功能、激励功能和辐射功能。大学校园文化是一个大学代代相传下来的独有的精神财富，具有强大的凝聚力和感召力，时刻都在大学中发生着影响和作用。面对经济全球化、信息网络化的时代浪潮，传统的教育观念、教育内容、教育模式、教育手段以及教育环境等都受到了前所未有的冲击和挑战。要以转变、更新教育观念为先导，以教育手段的现代化、信息化为辅助，深化教育改革，创造适应时代发展需要和人类文明进步潮流的先进的校园文化。

当前，鉴于各高校的现状，加强大学校园文化内涵建设应该从三个方面入手。

（一）加强校园精神文化建设

校园精神文化作为一种学校所拥有的思想观念、价值体系、文化产品、道德准则等精神形态的文化氛围，是学校的灵魂，是校园文化的核心要素。

1. 加强校风、学风和教风建设

校风是校园精神文化建设的核心与灵魂，良好的校风是校园精神文化的最好体现。认识校风对学校和校园文化发展的作用，通过引导大学生的价值取向和高尚的世界观、人生观的确立，用精神力量来为实现学校育人目标服务，更好地体现出社会主义教育的本质特征。学风建设的根本目的在于为树立良好学习风气进行有计划和有系统的实践活动，并有针对性地通过引导大学生建立良好的外在行为方式达到端正学习动机，树立正确的学习目的及养成良好的学习习惯。加强教风建设时我们应建立民主性教学关系，在课堂上教师应尊重学生，重视集体作用，关注个体特点，用民主方式讨论和解决问题，教师不应该以权威自居，不应滥施惩罚，而应虚心听取学生意见。

2.加强社团文化建设

大学应从素质教育的高度认识学生社团存在的积极意义,在条件许可的情况下保障社团运作和发展的专项经费、社团发展的人力资源和物质资源,确保社团在学校党委领导和团委指导下,健康成长。引导社团坚持走高雅、健康、向上的校园文化之路,强调社团活动的思想性,突出时代性,注重层次性,倡导主体开明、内涵深刻、格调高雅的活动。

3.构建和谐的师生关系

融洽的师生关系是校园文化正常进行的基本要求和关键所在。校园文化建设旨在营造一个健康向上的求学与做人的环境,而在求学与做人的过程中教师对学生的影响最大,是学生的主要模仿对象。教师的政治思想、道德品质、文明修养、治学态度、生活方式以及人生观、价值观都会对学生产生潜移默化的影响,甚至是终身的影响。

(二)加强校园制度文化建设

制度文化是校园文化的重要组成部分,特别是作为生源情况复杂的大学校园,制度文化建设显得尤其重要。在制度建设过程中必须做到:一要建立健全制度,在建立健全制度的过程中要坚持科学性、可操作性和相对的稳定性,同时强化激励机制。二是要做好宣传教育工作。制度出台前,可根据师生的实际思想情况进行有目的、有意识的舆论引导;制度出台后,则要大力宣传建立制度的目的和意义等,组织师生学习制度规定的具体内容,甚至还要详细解读。通过舆论宣传,扩大教育效果,有意识地进行正面引导,形成良好的校园文化氛围,使学生受到潜移默化的影响和熏陶,并最终成为制度的执行者和传播者。三是要认真组织实施。规章制度一经建立,就要认真组织实施,实施过程中应力求做到"从严""求细"和"与人为善"。

(三)加强校园物质文化建设

物质文化是一种显性的校园文化,它往往会发挥规范与制约的育人作用。在校园物质环境的营造中,高校应注意在"因地制宜""因校制宜"的原则指导下,做到校园建筑使用和审美的有机结合,力求教学与生活设施相对完善,兼顾校园环境中软、硬件工程的共同发展,以实现学校的各种建筑和设施布局合理,融实用性、艺术性和教育性于一体,使大学生从中获得方便,受到感染和熏陶,为校园文化德育功能的发挥奠定基础。高校在继承和发扬各自校园物质文化建设经验的同时,需注意在校园的设计和布局中应将象征本校特有的价值观、审美情趣、行为导向的文化内涵融入其中,在色调、造型和组合的交融中,让大学生感悟到一种理念、一种特质和一种精神。

三、注重社会实践的实效性

社会实践作为我国高等教育的一个重要组成部分,在我国高等教育中发挥着不可替代的重要作用。社会实践可以引导大学生了解社会、了解国情,坚持走中国特色社会主义道路的信念;引导大学生增强责任感和使命感,树立正确的世界观、人生观、价值观和择业观,提高大学生的综合素质。充分发挥大学生的知识和智力优势,为人民群众生产和生活基本需求服务,培树学生的劳动观念和奉献精神。合理利用课余时间,积极投身于各类社会实践活动中,全面提高自身素质,为就业做好准备。具体地说,社会实践的意义和作用表现在以下几个方面。

1. 促进大学生思想政治素质的提高

社会实践使学生了解国情,有助于他们加深对党的基本路线的认识,坚定正确的政治方向。学生通过接触人民群众,有助于他们加深对人民群众的了解,同人民群众建立感情,树立为人民群众服务的思想。学生通过了解社会对知识和人才的需求,增强勤奋学习、奋发成才的责任感。通过了解改革和建设的长期性和复杂性,克服偏激、急躁情绪,增强维护社会稳定的自觉性。

2. 促进大学生业务素质的提高

社会实践使学生的课堂学习得到了实践的检验,让学生看到了课堂教学和自身知识、能力结构的缺陷,主动调整知识和能力结构,培养学生不断追求新知识的科学精神,激发学生的学习积极性和主动性。社会实践使学生把知识运用于生产实践之中,帮助学生巩固和深化在课堂上学到的理论知识,锻炼实际动手的能力并掌握相应的技巧。

3. 促进大学生的社会化进程

社会化贯穿于人的整个生命历程,是每个人必须面对和经历的。大学生社会化的成功与否,直接关系到他们的成才与发展,甚至关系到他们一生的命运。社会实践有利于大学生社会角色的转变,强化其角色类型的分辨能力、角色扮演心态的健全能力、角色的适应能力。社会实践有利于提高大学生的实际工作能力,如心理承受能力、人际交往能力、组织管理能力和应变创新能力等。社会实践有利于大学生树立正确的择业观,使他们消除心理误区,寻找到社会与自身发展的最佳结合点。

4. 促进高等教育的改革和发展

通过社会实践,加强了学生与社会的联系,有利于动员社会各方面的力量,加强和改善高校的思想政治教育工作。通过社会实践,探寻新形势下加强和改进高校思想政治教育工作的新思路,为高校思想政治工作注入生机和活力。社会实践能够使学校深入了解学生素质、课程设置、教学与管理等方面与社会要求不相适应的地方,主动推进改革,有利于学校进一步端正办学方向,在与社会实际的紧密结合中,寻求高等教育改革的发展与突破。社会实践架起了学校与社会沟通的桥梁,使教育走出封闭式的校园,走向广阔的社会舞台,有利于形成教学、科研、社会实践相结合的新型教育体制。

四、社会实践的类型

1. 开展便民服务

通过大学生自身的特点和长处,利用业余时间在社会上设立家电维修、单车修理、理发、测量血压等便民服务点,尽己所能,不怕脏、不怕累,以优质的服务赢得当地群众的称赞和好评,体现着青年志愿者的精神。

2．开展文化辅导、法律宣传与各种咨询活动

寒暑假期间,中小学生处于无人管理的状态之中,大学生将这些学生集中起来,对他们进行文化辅导与看护。走进社区进行普法宣传以及各种农、工、医等咨询活动。这样,既进行了社会实践,了解了社会,锻炼了自己,也为许多家庭解决了一些实际困难,当然,也可以有一定的经济收入。

3．开展社会调研活动

社会调研包括问卷调查、访谈、座谈等。征集题目可以分为社会、政府、教育、经济、文化、军事、医疗、社会保障等方面。诸如当代大学生马克思主义信仰、社会主义核心价值观、诚信度、消费、就业问题,老年人家庭赡养问题,新生代农民工权益保障问题等。

4．开展"三下乡""四进社区"活动

"三下乡"是指文化、科技和卫生走进村镇活动。文化、科技、卫生仍然是当前农村之所缺、农民之所盼的首要问题。文化下乡包括图书、报刊下乡,送戏下乡,电影、电视下乡,开展群众性文化活动。科技下乡包括科技人员下乡、科技信息下乡、开展科普活动。卫生下乡包括医务人员下乡、扶持乡村卫生组织、培训农村卫生人员、参与和推动当地合作医疗事业发展。"四进社区"包括科教、文体、法律、卫生。开展系列科普讲座、咨询、培训竞赛、演讲、展览、文艺巡演、影视放映、青少年课外科技活动、健身娱乐等群众喜闻乐见、丰富多彩的活动,鼓励大学生在实践中了解社会,增长才干,进一步提高思想政治水平和综合素质。

5．开展大学生勤工俭学活动

各高校鼓励大学生利用寒暑假期进行勤工助学活动,尤其是对于家庭经济状况不是很好的大学生,学校可以提供食宿服务。开展有组织或自己联系工作单位的各种形式的勤工助学活动,诸如到企业、社区、商场、宾馆、酒店、养殖基地、建筑工地、各种销售网点、旅游基地或其他各种兼职等。

此外,还可以鼓励大学生参与各种志愿者服务活动、环境保护宣传、红色考察活动等。

五、课堂教学灌输方法、校园文化建设和社会实践的渗透

课堂教学灌输方法是高校思想政治教育的主渠道,通过对大学生人生观、世界观、价值观和择业观的培树,积淀并形成了有着自己独具特色的校园文化。而校园文化建设为灌输中国化马克思主义理论,为大学生能够真学、真懂、真信并践行提供了润物细无声的环境与氛围,对于消化理论知识起到了催化剂的作用。那么,社会实践与课堂所学理论知识应该是理论联系实际的必经之路,是对中国化马克思主义理论的实践与检验,对于大学精神走进社会、推进和谐社会建设、实现中国梦起到了巨大的引领作用。

由此可见,构建课堂教学灌输与校园文化、社会实践多渠道的渗透机制,必须认识到高

校思想政治教育的新方向与合力机制,摒弃传统的思想政治教育单纯强调政治教育,忽略其他教育内容,尤其是校园文化建设和社会实践的单一教学方法。在新的历史时期,大学生的心理问题越来越多,要改善这种境况,我们应该为高校学生创造一个良好的校园文化氛围,而社会实践作为以工作代替学习、检验学习效果的一种教学方式,其实效性也应该被充分重视起来。以上几种合力机制是纵横交叉、相互协调、相互作用的综合教育机制,我们应以构建预计、实施、反思、激励相连接的全程循环机制为主线,充分挖掘和运用其他机制的功能,以期取得高校思想政治教育的最佳效果。

第二节　思想道德、心理、择业全面教育的互补机制

一、重视大学生思想道德建设

在新的历史条件下,如何改进并创新思想道德建设工作,对于高校来说是一个陈旧而又被赋予时代新意的重要课题,高校必须高度重视。

(一)重视全员教师的榜样示范作用

教师是塑造人类灵魂的工程师,他们不仅要传道、授业、解惑,还要以自己高尚的人格感化学生。

(1)为人师表。教师的一言一行无不给学生留下深刻的印象,有的甚至影响学生一生。因此,教师一定要在思想政治、道德品质、学识、学风上全面以身作则、自觉率先垂范。看似区区的小事,实则细微之处见精神,做表率对学生是一种潜移默化的教育。它爆发的内在力量是不可估量的。因此,为人师表是当好教师的最基本的要求。

(2)身教重于言教。高校是社会主义精神文明建设的重要阵地。一所学校的校风、学风、校貌与教师的行为表现息息相关,一个教师的师德好坏对教风、学风影响极大。应该承认,很多一线教师在工作繁重、生活清贫的情况下,仍以自身高尚的师德与良好的师表行为影响与培育了大量德才兼备的学生,的确可敬可贺。

(3)爱岗敬业。爱岗敬业的教师有着强烈的责任感和事业心,为人民的教育事业呕心沥血,对工作一丝不苟,即使碰到这样那样的困难也会想办法自己克服,给学生留下严谨、奋进的良好影响。

(二)在网络环境下加强大学生思想道德建设

(1)政府、社会、高校、家庭齐抓共管,共同关注网络道德。网络信息量大,内容良莠不齐,一些不健康的内容和信息污染会对大学生产生消极的影响。网络道德建设作为一项新的课题,涉及的面比较广,仅仅靠高校的教育显然是不够的,它需要社会、家庭、高校、大众传媒等多方面努力来共同开展有关网络道德教育活动,从而形成一个整体教育网络。因此,政府及有关部门要通过法律、行政、技术等手段同各种网上信息犯罪和不道德行为做斗争,切实加强对网络的信息监控和信息过滤,努力净化信息环境,把握高校德育工作的制高点,给高校开创思想道德建设工作新局面创造一个良好的外部环境。

(2)倡导健康向上的校园文化,加大校园网建设力度。近年来,高校的校园网络如雨后春笋般建立起来,为大学生网络道德建设提供了物质条件。大学生通过网络虚拟社区满足当代大学生学习、休闲、游戏、交友等方面的需求,进而潜移默化地增强学生的归属感、荣誉感,这是大学生网络道德建设必须紧紧把握的新方向。与此同时,也迫切需要制定具体的规范准则来对大学生网络行为进行约束,既要注意与国际接轨,又要充分考虑我国的国情;既要更多地考虑为大学生所普遍认同和理解,又要有利于保护和促进大学生对网络的兴趣和使用水平的提高;既要能保护现时网络的安全和秩序,又不能阻碍网络的继续发展。

(3)开设专门的网络道德教育课程。针对当前大学生的实际情况,高校应专门开设网络道德教育课程。网络道德教育课程要与大学生思想道德修养课程有机整合起来,使大学生思想道德建设更加贴近大学生实际。网络道德教育内容的讲授要有系统的理论指导,旨在努力提高与健全大学生对网络信息的鉴别能力、自控能力,最终培养出人格健全的社会主义建设者。网络道德教育既要有网络意识、网络规范和网络行为准则的灌输,也要有网络道德情感和意志的培养;既要有对理论的传授与讨论,也要有对具体网络道德失范行为的剖析与评价。

(4)建立完善网上心理咨询平台,不断拓展大学生心理健康教育渠道。随着网络触角的不断延伸,网络能实现的功能越来越多,这就使得一部分大学生依网络而生存。现实生活中大学生常常在遇到心理问题时因为害怕周围同学的误解而羞于启齿,较少与社会和他人联系,疏于处理各种人际关系,极易导致一定程度的心理障碍与人格畸变,仅仅靠谈心等心理咨询已不能起到作用。而网络的交互功能恰恰提供了一个良好的交流平台,有利于双向沟通。因此,必须顺应时代的要求,建立并完善网上心理咨询平台,积极开展网上各种心理问题咨询,对症下药,做到有的放矢。

(三)重视"思想道德修养"课程建设

大学生在道德问题上的矛盾和困惑明显增多,思想课堂成了重要的解决疑问的途径。我们应当丰富或拓展"思想道德修养"课程教学内容,把社会中道德建设上的热点、疑点、难点、重点问题带进课堂,有讨论、有辩论、有总结,统一思想,统一认识;把握和突出道德观教育,让大学生走出困惑。改进教学方法,课堂讲授与课外活动相结合,有针对性地利用电视新闻、专题片报道、纪录片、参观等形式,促进大学生道德素质的不断提高和道德境界的不断升华。加大教改教研活动,提升科研能力水平,坚持以教学带动科研,以科研促进教学。

二、心理健康教育纳入思想政治教育课程

在高校思想政治教育工作中,心理健康教育既是重要组成部分,也是有效的辅助手段,它可以强化德育教育效果,帮助大学生形成与发展良好的品德,树立正确的价值观、人生观、世界观和择业观,学会客观评价自我,塑造健全人格,保持心理健康,促进学生社会化发展。当前,高校思想政治教育应该正视大学生普遍存在着诸如感情问题、自卑感、社交障碍、学业压力、就业等问题。在思想政治教育教学中,有些大学生的道德品质与思想问题也是因心理障碍而产生的。因此,教师既需要加强思想教育,还需要渗透心理健康教育,将心理健康内

容纳入日常活动和思想教育中,完善心理健康教育咨询机构,构建大学生心理健康档案,把心理健康教育作为新生入学第一课,完善心理健康教育网站、微博、微信公众号,组织形式多样、有趣生动的心理社团活动,加强心理健康教育的宣传,丰富校园文化等。在日常的高校思想政治教育教学中,需要关注大学生的心理健康,将心理健康教育与德育教育结合起来,多渠道、多方位、多手段,提高思想教育效率,培养良好心理素质的人才,不断探索有助于增强大学生心理素质的师生共同参与模式。

深入细致的心理健康教育和思想政治工作开展要结合大学生的日常生活和学习,要有针对性地帮助大学生处理成长成才过程中遇到的各种具体的问题,以提高他们的思想认识和精神境界,增强大学生克服困难、经受考验、承受挫折的能力,培养大学生良好的心理品质和优良品格。

(一)构建心理健康教育与思想政治教育双师型师资队伍

《教育部 卫生部 共青团中央关于进一步加强和改进大学生心理健康教育的意见》(教社政〔2005〕1号)指出:"要坚持少量、精干的原则,配备一定数量专职从事大学生心理健康教育的教师。专职人员原则上要纳入大学生思想政治教育队伍序列。"这就要求在师资队伍建设上紧密结合高校实际,将从事心理健康教育的教师纳入学生思想政治教育工作队伍管理的序列,为高校培养一支素质过硬、具有心理健康教育与思想政治教育双师型的师资队伍。思想政治教育工作者不仅要注重提高学生思想政治觉悟,塑造良好的道德品质,解决思想倾向问题,而且,要提升心理学方面的理论与实践知识储备。通过大学生行为方面表现出来的特质,分析学生的心理状态,给有心理问题的学生以及时的心理疏导和心理辅导,避免大学生的心理问题长期得不到解决,防微杜渐,提高解决问题的实效性。只有全面掌握大学生的主要心理及应对措施,帮助学生塑造健康人格,思想政治教育工作才会有针对性和实效性。

(二)教育方法上的有机结合

对大学生进行教育,既要遵循大学生思想政治教育的规律,也要遵循大学生心理发展的规律,不能在解决各种问题上采取一刀切的方法。无论是通过谈话,还是通过问卷调查的方式来了解大学生,学生工作者的目的是建立与大学生的密切联系,掌握大学生的思想动态,把问题消灭在萌芽之中。要想达到这样的效果,教育者必须要付出爱心与耐心,既要做细致的思想政治教育工作,又要结合心理咨询或调查问卷得出的趋势性问题,做好提前准备,避免出现"消防队员"状态,并以学生喜闻乐见的活动为载体,在实践活动中建立起彼此的尊重和信任。思想政治教育工作者要根据大学生的心理特点,在大学的不同阶段有针对性地讲授心理健康知识,通过辅导或个别咨询、书信咨询、电话咨询、网络咨询等多种形式,向学生提供经常、及时、有效的心理健康指导与服务,帮助大学生树立心理健康意识,优化心理品质,增强心理调适能力和社会生活的适应能力,预防和缓解诸如环境适应、自我管理、学习成才、人际交往、交友恋爱、求职择业、人格发展和情绪调节等方面的心理问题,从而使其提高心理健康水平,形成良好的心理品德和思想道德素质。

(三)教育平台上的相互渗透

高校应该建立全方位的大学生思想政治教育与心理健康教育网络平台。首先,要及时转变教育观念,不断创新工作内容与方法,发挥网络优势,开通在线心理咨询,主动占领网络阵地,加强网络道德建设,完善网络管理体制,提高网络思想政治教育与心理健康教育水平,形成网上网下相统一的高校思想政治教育与心理健康教育体系。具体可以通过加强主题网站和网页建设,使学生学习信息、生活信息、心理健康教育、毕业生就业服务信息进入网络。其次,在教学中通过集体和个别心理咨询渗透思想政治教育内容。大学生遇到的学习、考研、出国、就业、恋爱、勤工助学、人际交往等方面的困惑和问题,应是思想政治教育者和心理健康教育者重点关注的内容。思想政治教育者要发挥第一课堂的作用,有针对性地在"思想道德修养与法律基础""心理学""公共关系"等相关课程教学中,进行系统分析和集体咨询。也要发挥第二课堂的作用,邀请专家为不同层次、不同群体的学生开设专题讲座,内容可以包括大学生活的适应、心理健康与成长、学习心理、人际交往、自信心训练、情绪控制、恋爱与婚姻等与大学生健康成长相关的内容。最后,有效宣传普及心理健康知识,帮助大学生培养良好的心理品质和自尊、自爱、自律、自强的优良品格,开发心理潜能,培养创新精神,传授心理调适方法,将团体心理辅导和思想政治的方法结合运用,帮助大学生消除心理困惑,增强克服困难、承受挫折的能力。

(四)加强学习,切实提升思想政治教育干部队伍素质

当前,大学生的心理问题对高校学生思想政治教育队伍的素质提出了更高的要求。除自身必须具备较高的政治素质和业务素质外,思想政治教育队伍包括书记、副书记、团总支书记、辅导员,要进行定期的思想政治素质和心理学知识的培训,系统掌握心理学、行为学及心理咨询技巧等方面的知识,认真研究实际生活中影响学生心理的因素,科学分析其思想心理上的变化,积极探索大学生身心发展的规律,有能力、有效果地对大学生进行耐心的思想教育和及时的心理指导,为学生提供有针对性的心理咨询服务,培养学生健全的人格和健康的心态,提高学生的心理素质,更好地实现人才培养的目标。

三、择业观教育贯穿于高校思想政治教育全过程

目前,多数高校思想政治教育工作、就业指导工作、心理健康教育工作等都是各行其道、各行其是,未能很好地结合起来。具体体现为思想政治教育在就业观教育中流于形式,不能结合学生学习、生活及职业生涯规划的实际。而就业指导部门往往又把重点放在就业政策解说、信息发布、技巧指导等方面,忽视就业指导中思想政治教育的作用。一方面,它们的结合是提高思想政治教育实效性的突破口,可以更好地解决入心、入脑问题。长期以来,思想政治教育一直处于被动局面,实效性不强。究其根本原因,就是教育内容与社会现实和学生思想、心理健康实际相分离。通过与就业指导相结合,教育的实践性和现实性便有利于纠正传统思想政治教育既大又空的弊端。只有真正做到了贴近学生、贴近实际,大学生才更愿意以主动的姿态参与到各项思想政治教育活动中来。另一方面,它们的结合是实现就业指导目标的根本保证,可以更好地促进大学生的就业、择业和创业。

（一）择业观教育应该转变观念，合理调整就业期望值

思想政治教育要运用差异性原则来对待每个学生，因人因时给予其就业指导和教育。事物的发展，外因是条件，内因是根据。这要求当代大学生解放思想，以实事求是的态度、求真务实的作风、以人为本的理念，坚持与时俱进，理性看待当前的就业形势，适时调整自己的职业规划。比如，合理调整就业期望值，适当降低薪酬和工作环境要求，以适应现在的就业形势。

（二）择业观教育应该设计好阶段教育

在大学的几年学习过程中，要全程性、系统性、全员性和发展性完善大学生的职业观、择业观、创业观指导教育，把择业观教育贯穿于大学生生活、学习的全过程，强化学生对自己、对职业、对社会的认知，全方位培养大学生的就业素质和能力。针对大学一年级学生，主要进行职业发展方向、社会对学生的素质要求、学生应该具备知识能力结构、学习过程中的努力方向等教育，使得学生充分了解自己将来干什么，现在怎么做。针对大学二年级学生，主要进行职业生涯规划设计指导、个人素质测评等教育，使学生能够学会客观地分析自己，合理地设计未来，准确地进行就业定位。同时，做好教育见习安排。针对大学三年级学生，主要进行就业政策、择业方法与技巧、就业工作程序、如何成功创业等教育，使得学生清楚如何选择适合自己的工作岗位，如何迈好人生事业的第一步。针对大学四年级学生，组织大学生做好实习实训工作，理论联系实际；做好就业动员及思想宣传工作，让大学生对于即将走上工作岗位、走进社会有一个充分的心理准备。

（三）择业观教育应该实现理论教育和健康心理、人格教育的有机结合

在进行人生观、择业观等价值观教育时，只有把理论教育与健康心理、人格教育结合起来进行，才能取得更好的实际效果。价值观作为一种理性层面的思想观念，虽然主要靠理论的逻辑性和科学性的力量去说服接受者，但是情感、意志等非理性因素所起的促进、推动、烘托、激励作用也是不可忽视的。因此，健康心理和人格教育、择业心理教育等教育内容对大学生树立正确的择业观也是不可缺少的，应该予以足够的重视。

（四）择业观教育应该努力做到理论教育与社会实践的紧密结合

社会实践对大学生思想品德的形成、完善具有最终的决定作用，是思想品德形成、完善的根本途径。大学生在掌握了一定理论之后，如果能够在实践中进行体验和印证，会大大提高他们接受正确价值观的程度和掌握择业技术的熟练程度。这是因为，目标明确、组织周密的社会实践活动有助于大学生了解社会和人民群众对各种职业的需要状况，可以让他们深刻认识群众对就业者的思想品格、素质和能力的要求，掌握群众对就业者的评价标准，感受群众对社会从业人员的理解和尊重，等等。同时，大学生还可以从实践中获得体验择业技术训练的必要性和锻炼择业技术操作能力的机会。因此，新时期大学生的择业观教育只有做到理论教育与实践体验紧密结合，才能提高其科学性、时代感和针对性。

第三节　社会、高校、家庭全方位立体联动机制

江泽民同志在《关于教育问题的谈话》中强调指出："加强和改进教育工作,不只是学校和教育部门的事,家庭、社会各个方面都要一起关心和支持。只有加强综合管理,多管齐下,形成一种有利于青少年学生身心健康发展的社会环境,年青一代才能茁壮成长起来。"所以,构建高校、家庭和社会互动的大教育系统,为全民提供一个可持续发展的教育生活环境,发展终身教育,发展全社会教育,从而提升全民族的文化素质,已成为当前国际社会教育发展的潮流,也是我国教育改革和发展的必然方向。

一、三位一体缺一不可

教育作为一项系统工程,需要全社会的共同参与。为了切实发挥教育培养人、塑造人的功能,必须树立一种全新的观念,打破高校和社会的界限,以高校为核心、家庭为基础、社会为平台,把高校、家庭、社会三个方面力量有机组合起来,形成"三位一体"的思想政治教育网络,共同创造有利于大学生健康成长和全面发展的良好环境。

高校教育是主体,是对大学生进行理论知识教育和提升综合素质的最重要场所,对学生思想品质的健康成长,树立正确的人生观、价值观、世界观和择业观有着不可替代的而且是不容忽视的优势。从高校育人功能来看,学校教育是教育者(教师)依据一定的教育方针,有目的、有计划和有组织地对受教育者进行培养教育的社会化活动,它能按一定的社会需要,根据教育大纲的要求,遵循大学生身心发展的特点和规律,对学生进行系统的教育和实践训练。从学校育人环境来看,学校有一个积极向上的学习氛围,给学生创造一个和谐舒适的校园文化环境,激发学生奋发向上、努力拼搏的精神。从受教育的时间来看,学生在学校受教育的时间最集中,更利于全身心接受各种知识的传授,学会做人、学会生活、学会劳动、学会健体,回报社会。

家庭教育是基础,是终身教育,具有长期性、持久性,是对学校教育进行必要的调整和补充。根据大学生的特点和成长规律,这个年龄段的学生很少与家长沟通,即使沟通也是报喜不报忧,家长对孩子的了解逐渐减少,这也就难以对他们进行正确的教育与引导,这是每个家庭都面临的一个重要社会问题。一些家长由于精力少、文化修养不高等因素,越来越跟不上孩子成长的节奏,即使有教育行为也缺乏针对性,质量偏低。还有一部分家长教育方式方法存在问题,缺少必要的家庭氛围也是家庭教育功能没有发挥出来的重要原因。

社会教育是高校和家庭教育的延伸和发展,是高校和家庭以外的社会文化机构以及有关的社会团体或组织对社会成员特别是青少年所进行的教育及影响。社会教育组织机构繁多,其教育内容具有广泛性、适应性、及时性与补偿性,其方式方法具有灵活多样性,若善于利用,引导得力,必然会对不同兴趣、爱好、特长的大学生的素质提高产生广泛而积极的影响。同时,社会风气对大学生的成长也有着不容忽视的影响。通过社会教育,学生可以在复杂多变的社会环境中不断增强分析能力和应变能力,可以在社会大课堂体验各种不同的社会角色,学习社会规范,扩大社会交往,养成现代素质,适应市场经济和现代科技的需要,为

参加现代化建设做准备。

高校教育、家庭教育、社会教育之间相互联系、相互合作、相互促进，缺一不可。建立健全高校、家庭、社会三位一体的大学生教育网络，实现"三位一体"的整体教育格局，对大学生思想政治素质建设有着重要的理论和现实意义。它是促进高校教育社会化，推进素质教育，提高教育教学质量，实现教育目标的需要，是形成整体教育的思想保证，是对教育改革及人的全面发展的推动和促进，是把教育与社会实践相结合的根本途径，是把全党重视、社会共同参与结合在一起的重要举措。因此，构建高校、家庭、社会三位一体的教育网络势在必行。

二、实现三位一体联动

首先，要统一思想、提高认识，增强合作意识。教育是人民的事业，不能单纯地把它归为政府的责任、教育行政部门的责任、高校的责任，全社会都应该主动参与。高校、家庭、社会三者都是教育的重要环节，缺一不可，既要分工明确，又要互为补充、互相配合、互相依赖。在教育过程中，三者之间应加强沟通，增进交流，统一思想，同步教育。为使教育网络切实地运转起来，高校、家庭、社会必须建立相应的组织机构，健全各项规章制度，使此项工作有组织、有计划、有目的地进行。其次，发挥高校在教育中的主体作用，积极探求高校教育与家庭教育的结合点。高校要针对在家庭教育中存在的问题，加强与家长的沟通。要把校园网延伸到社会，走进家庭。家长打开网络，对学校的各种信息一览无余。同时，在校园网中开设诸如和谐家庭、家庭旅游、家庭加油站、家长咨询、家庭知识竞赛等栏目网站，举办系列讲座，帮助和引导家长树立正确的家庭教育观念，掌握科学的家庭教育方法，推广家庭教育的成功经验。加强宣传和咨询，高校辅导员通过 QQ、微博、微信等形式，与家长保持一定的联系，让家长和社会更多地了解并关注学校教育，共同培树大学生的理想信念形成积极参与教育的社会风气。

高校利用寒暑假开展辅导员进万家、家长进学校活动，辅导员了解家庭，家庭了解高校，并形成制度。第一，必须坚持学校教育、家庭教育、社会教育的一致性。无论学校、家庭还是社会，对青少年提出的要求、教育，在方向上要保持一致和统一，共同的教育和要求使大学生努力的方向更明确，避免了不知所措和犹豫徘徊。第二，充分发挥学校教育、家庭教育、社会教育的互补性。在大学生的成长过程中，家庭、高校、社会都各自发挥着作用，都会对学生产生影响。那么，要使家庭、社会、高校的教育形成合力，结成教育网，除了统一要求外，还要充分发挥好各自的作用，使其各有侧重，形成互补。第三，发挥高校教育的主渠道、主阵地、主课堂优势。在家庭、社会、高校三方面的教育中，学校教育更自觉，目的性更强一些，并且是有计划、有组织、有系统地进行，因此，要充分发挥学校教育的优势。

总之，家庭教育、学校教育、社会教育是三个基本环节。在教育过程中，家庭是基础，学校是主渠道、主阵地、主课堂，社会是重要的依托和平台，三者缺一不可。只有三者结合，才可以更好地发挥整体教育的作用。

第四节　加强校园网站建设，拓展网络引领机制

网络技术的迅猛发展极大地改变了人们的生活模式和学习、工作方式，它代表着时代的进步，具有信息性、开放性、全球性、虚拟性、迅捷性等文化特征，同时，也深刻地影响着大学生的世界观、人生观、价值观和择业观。网络文化又是一把"双刃剑"，如何充分取其利而去其弊，建设积极健康的网络文化也日益成为政府、社会和高校关注的焦点。大学生群体作为推动网络技术、网络文化发展的生力军，引领了网络文化的发展方向，与此同时，他们的思想观念和生活状态也随之发生了巨大的改变。于是，这就要求高校思想政治教育者必须面对挑战，抓住机遇，将高校思想政治教育与网络技术、文化的发展有机结合起来，开创高校思想政治教育的新局面。

一、我国校园网站建设案例

以辽宁省为例，辽宁省大学生在线联盟网站利用其精彩纷呈的网页内容、丰富多彩的网络活动，吸引了广大学生的注意力，调动了大学生参与活动的积极性，丰富了思想政治教育的手段，拓展了校园文化活动的时空，得到了广大学生、思想政治理论课教师以及思想政治教育工作者的关注和喜爱。几年来，网站先后建设并完善了时事新闻、学生党建、人生导师、雷锋在线、理海泛舟、校长寄语、培训研修、理论课堂、红色之旅、爱我辽宁、师德建设、法律在线、政策法规、我的大学、学子风采、大学校训、青春华彩、学术讲堂、外语天地、高校社团、校报联盟、感恩教育、鸿雁传书、文明礼仪、知荣明耻、心灵相约、学苑书香、名篇鉴赏、音乐空间、美天在线、奥运频道、民族风情、世界博览、科技之光、航空博览、航海之家、海洋世纪、环保之窗、爱心助学、健康驿站、百年旅顺、就业之路、新书快讯、招生考试等栏目。

1. 网站已成为政府职能部门指导大学生思想政治教育工作的载体

网站的"信息公告""思政动态""思政简报"等栏目由省教育厅思想政治工作处直接负责维护和更新。

"信息公告"栏目主要刊发各项政策文件，即时发布教育部和省委、省政府关于大学生思想政治教育工作的决策部署，传达省委高校工委、省教育厅的工作安排，为高校加强和改进大学生思想政治教育工作提供政策导向。"思政动态""思政简报"等栏目加强了高校间的信息沟通，及时展现各高校思想政治教育工作经验与成果，搭建起全省高校相互借鉴和相互学习的平台，成了高校思想政治工作的智囊库和政策、信息窗口。

2. 网站已成为各高校展示工作优势和特色的平台

网站开设的"理论课堂""雷锋在线""红色之旅""人生导师"等栏目，分别由有关高校承办。这些子网站充分体现了各承办高校的办学特色和学科特点，体现了各校在大学生思想政治教育方面的工作优势。子网站的内容，既贴近大学生的思想实际，适应大学生成长成才的需要，具有普适性。又突出学校特色，体现学校优势，突出工作主题，又具有专题性。承办主题子网站，既是高校对大学生思想政治教育工作的一种参与，同时也是借助大学生在线联

盟这一平台对学校某方面工作的宣传和推介。特别是承办网上主题教育活动,使得子网站吸引了全国大学生的关注和参与,在大学生的关注与参与中,学校的工作优势与特色得以展示,学校的积极形象得以树立与提升。

3. 网站已成为大学生展示青春风采与时代精神的舞台

辽宁省大学生在线联盟网站及其相关子网站开展了一系列网络主题教育活动。例如,"理海泛舟"子网站面向全省大学生开展的学习党的十七大精神、党的十八大精神网上知识竞赛活动。"雷锋在线"子网站在大学生中开展了"在雷锋精神鼓舞下"大学生网上主题征文及"我与雷锋同行"大学生网上知识竞赛活动。省委高校工委、省教育厅依托网站组织开展了"今天,我们大学生怎样爱国"主题教育活动、辽宁省大学生"迎奥运、讲文明、树新风"礼仪知识网上答题竞赛活动、辽宁省大学生奥运知识网上答题竞赛活动等。这些主题教育活动,充分发挥了网络在大学生思想政治教育中的优势,为大学生展现才能、展示风采、交流思想提供了健康的平台。

二、校园网络文化建设任重道远

高校要积极推进社会主义核心价值体系融入校园网络文化,主动占领意识形态领域的网络阵地,把握校园网络舆论的正确导向,弘扬主旋律,传递正能量。

(一)校园网络文化建设是一个长期的系统工程

校园网络文化建设要稳中求进,取得好的成绩,领导高度重视和制度保障是前提。学校党政领导高度重视,成立学校网络建设和管理工作领导小组,建立由宣传(或学工)部门牵头,学工(或宣传)、科研、人事、信息化建设等部门共同参与的工作机制,将网络文化建设和管理工作部门实体化。健全规章制度,建立专题教育网站的备案制度、信息发布的审查制度、网络舆情监管制度以及网络突发舆情处置报告制度等。加强校园综合性门户网站、主题性教育网站、专业性学术网站、网络论坛、网络互动社区等建设,着力办好校园网站专题教育栏目、社会网络媒体上开设的校园频道栏目、校务微博、校园微信公众号等,不断提高服务师生能力和社会影响力。校园网络文化建设和管理是一个系统工程,要持久而有序地进行,单靠学校的某一个部门是不可能抓好的,必须纳入学校的重点工作,进行总体设计,统筹安排,齐抓共建,分工合作。同时建立一套行之有效的管理制度和完善的校园网络管理办法,才能够使整个校园网络活动活而不乱、严而不死。

(二)校园网络内容建设与时俱进

校园网络内容建设的质量体现了校园网络文化的高度、广度与深度,体现了校园网络文化建设的品位。要建立贴近校园大学生生活,贴近师生网络文化需求,全面体现校园环境,展现校风、教风和学风的网络资源模式,建设丰富多彩的校园网络文化平台,开辟吸引学生和适合学生个性发展的栏目和网站,运用网言网语在校内外网络媒体上发表思想教育、宣传评论和舆论引导文章。加强各种知识信息资源库建设,探索各种增强校园网络资源吸引力和感染力的有效方法,充分发挥校园网络的育人功能和信息功能。

(三)建立一支专兼结合强有力的网络文化工作队伍

虽然各高校都有自己的网络文化工作队伍,但是,其中兼职者占多数,专职者占少数,特别是网上评论员队伍。这给校园网络文化的正确引导、评论和管理带来了一定的困难。要提升大学校园网络文化的思想性、教育性、指导性、互动性和服务性,推进网络建设、网络管理和网络评论,形成专人负责校园网站管理、编审,专兼结合开展网络评论的工作格局,构建良好的校园网络人文环境,就必须建立一支思想政治水平素质高、网络业务能力强、视野开阔、相对稳定的专兼结合网络文化工作队伍,并且要定期、系统地对专兼职师资队伍进行理论和专业技术培训,提升其思想和网络意识,准确把握大学生的思想脉搏。这支队伍的构成应该是多层面立体式的,既有校院领导,又有专家教授;既有青年教师,又有学生骨干;既有职能部门负责人,又有学生工作辅导员。鼓励和支持学校教职员工尤其是学术大师、教学名师、优秀导师利用专业知识、结合岗位工作参与网络文章写作和网络文化产品创作。他们应该是信息收集者,现实热点、难点和重点问题的评论者,正能量传播者和网络管理者。同时,要利用这支队伍建立功能全面、多级防范的网络管理体系,确保网络安全,净化网络环境,营造健康、绿色的校园网络氛围。

(四)强化网络道德教育

在高校开展网络道德教育已经成为关系到整个社会精神风貌的大问题的同时,用高尚的网络道德武装大学生,必将对精神文明建设产生巨大的推动作用,对社会产生积极而深远的引领影响。增进大学生对网络道德规范的了解和认同,有必要通过学习相关课程,使学生对网络道德规范以及其他诸如网络法律法规、网络安全知识、信息安全形势等相关知识有一定的了解。同时,还有一个需要重视的问题,就是要增进大学生对网络道德规范的认同。

(1)建构合情合理的网络道德规范是前提。长期以来一些学校的德育目标都表现出过于理想化的倾向,这让普通人感到很难真正做到或者与现实差距比较大,难免产生抵触情绪。

(2)进行舆论宣传动员。通过多种渠道向大学生宣传网络道德规范的内容,使他们具有最基本的明辨是非的能力。通过培养自律精神引导大学生自觉文明上网。我们要通过网络道德教育,培养大学生的自我教育意识和自律精神,促使其将人与人、人与网络社会之间的利益关系提升为人格力量,依靠自身的调节功能控制自己的网络行为。

(3)培养大学生良好的网上行为习惯。通过班级主题团日活动、专题讲座、专题辩论等形式,积极倡导大学生文明上网,加强对大学生的正面引导,指导大学生树立正确的网络观,塑造良好的网络道德人格,进一步提升大学生的自律意识和自控能力,使他们在面对各种与网络道德准则发生冲突的问题时,能够做出正确的选择和判断,从而自发、自觉地维护网络文化秩序。

三、创新校园网络文化建设

校园网络文化建设是一项充满生机与活力的崭新事业,广阔天地大有可为。我们需要直面挑战和难题,敢于突破和创新,充分挖掘网络文化的育人功能,进一步提升网络文化供给能力,提供舆论宣传、教育教学、文化娱乐信息化产品和网络化服务,形成正面舆论强势。

(一)理念创新,引领校园网络文化建设实现新飞跃

理念创新是引领高校校园网络文化建设实现新飞跃的前提和基础。

(1)要树立全媒体、大媒体理念,加强学校与政府管理部门、社会研究机构、社会网络媒体协作,推进高校网络文化研究协同创新,提高研究成果质量和水平。推动传统校园媒体与新媒体融合发展,逐步形成立体化交叉覆盖的全媒体阵地,发挥"矩阵效应"。

(2)要树立优势互补理念,统筹校内、校际网络文化相关专业,整合传统媒体与网络媒体资源,充分利用传统媒体与网络媒体的不同特点,实现优势互补。

(3)要树立生活化理念,坚持贴近生活、贴近实际、贴近师生,努力做到寓教于乐。

(二)管理创新,构筑校园网络文化建设新保障

管理创新是构建高校校园网络文化阵地的保障。调动高校加强网络建设和管理的积极性,探索掌握网络文化育人主动权、网上舆论引导话语权、网络管理主导权的经验和办法,促进高校网络建设和管理工作取得新成效、呈现新局面。

(1)做好顶层设计。建立健全党委统一领导、党政工团齐抓共管、党委宣传部牵头协调、有关部门和各院系共同参与的工作体制机制,形成强大合力。

(2)明确责任。构建党委统一领导,党政齐抓,宣传部牵头抓,其他部门配合抓,基层党团委参与抓的工作格局,守好每一道关口。

(3)抓队伍建设。培育和建设专兼职网络管理和运行队伍,支持鼓励师生参与网络文化建设,充分发挥师生的主体性和创造性。

(4)完善激励机制。探索建立优秀网络文章在人文社科类科研成果统计、职务职称评聘方面的认定机制,使网络成为师生展示才华的重要平台。

(三)机制创新,激活校园网络文化建设瓶颈

校园网络文化建设必须坚持大学生是导向,坚持正能量是总要求,坚持传得开是硬道理。要积极探索网络文化作品的评价认证机制,建立优秀网络文章认证平台,对在网络上产生较强影响力的优秀文章作品进行第三方评估认证,并推动将认证结果作为科研成果统计和职务职称评审的依据,以突破将网络文章作为成果的机制瓶颈,从而激发调动广大专业教师在网络上发文、发声的内在动力,唤醒"沉默的大多数",形成网上正面舆论场。通过面向广大教师开展"高校网络宣传思想教育优秀作品评选"等活动,鼓励引导广大教师积极参与网络育人工作。同时,遵循网络传播的特点和规律,提高议题设置和有效发声的能力,准确把握舆论导向,创新舆论引导方式,突出舆论引导重点,抓"热点"引导、抓"焦点"释放、抓"缺点"补充。鼓励有底气、有本事、讲政治的专家学者在网上开设专栏,在社交媒体上开通账号,放大主流声音,反击错误思想和言论。引导和组织思想政治教育理论工作者,积极利用、善于利用互联网,以大学生网民喜闻乐见的方式做好网上思想政治理论传播。

(四)表达创新,为校园网络文化阵地注入新活力

理论不会用网言网语来表达、文章刊发在网站上没人点击浏览、缺少转发评论是当前很多高校网站面临的主要问题。推进表达创新,消除表达差异是高校校园网络文化阵地建设的紧迫任务。

(1)创新表达载体。要善待、善用和善管微博、微信等网络新载体,让其成为我们开展工作的有效平台和武器。有的高校目前仍然在校报校刊、校园广播电视等传统媒体上"重兵布防",投入大量的人力物力,却疏于对新媒体的建设,有效避开了大部分师生的阅读兴趣,没能走进大学生的学习和生活。

(2)创新表达内容。改变形式刻板、内容空泛的形象,着力推动增强校园网站的思想性、教育性、服务性、互动性、针对性,加强综合性门户网站、主题性教育网站、专业性学术网站建设,推进辅导员博客、思想政治理论课教师博客、校务微博、班级微博及校园微信公众号建设,使学校网络成为师生互动、校园服务、学生思想引领和成长关爱的重要平台。

(3)创新表达方式。网上宣传方式应当"活一点",但绝不意味着导向要求可以"松一点",要主动适应网络表达方式和风格。

(五)方式方法创新,拓展校园网络文化阵地新功能

方式方法创新是提升高校校园网络文化阵地新功能的重要保证。

(1)变革老的方式方法。要坚持深度报道、专题报道、系列报道的转型方向,确立内容优势,创新报道方法,以发挥传统媒体的作用,使之与新媒体实现错位发展。只有网上的正能量无限放大,负面信息才能被有效挤压,才不至于让"虚拟"扰乱"现实"。

(2)掌握新方式方法。重点打造以各级各类网站和微博、微信、微视频为重点的新媒体网络平台,用新的传播媒介来推进理论武装和价值凝聚,重视传播的有效性。对于传统媒体的新闻信息,不能简单照搬到网上,要从"搬运工"变为"深加工",形成更大的舆论覆盖面和更强的宣传影响力。

(3)善于使用新的方式方法。创新网络文化建设的方式方法,强调文化作品标题的凝练性、内容的故事性、蕴含的深刻性、语言的感染性、阅读的便捷性,用网言网语来发声,让广大学生愿意看,看了能够信服。交互使用多种手段,善打组合拳,出组合招,力求取得多方面的效果。

(六)强化队伍建设,夯实校园网络文化宣传阵地

当前,高校网络文化建设管理干部队伍整体素质较好,但也存在一些问题,比如有数量缺质量、有"高原"缺"高峰"、勤奋有加但能力不足等问题。建设一支强大的网军,是提升互联网宣传管理能力的关键所在。各地各高校都需要建立专门的机构、专业的队伍,而且要进一步研究完善网络工作队伍的培养培训和激励评价体系,做到工作有任务、有考核、有评价、有奖惩,做到队伍有奖励、有惩罚、有晋升、有淘汰。要让网络文化建设工作者在理论上、笔头上、口才上或其他业务能力上有"几把刷子",有几样"杀手锏"。要努

力完善高校网络文化建设管理干部培养体系，强化网络应急、网络宣传、网络评论、网络管理、网络研究、网络技术队伍建设，解决好干部的职称职级、待遇、培训、发展等问题。探索建立优秀网络文章纳入科研成果统计、列为职务职称晋级评聘条件的办法，打造一支由学术大师、教学名师、优秀导师、辅导员班主任、优秀骨干学生组成的高校网络宣传工作队伍，引导他们用中国的理论、中国的学术解释中国的奇迹，让广大校园网军真正做到"把自己交给事业、把发展交给组织"。以着力培育一批网络名编名师、开办一批网络名站名栏、发表评选一批网络名篇名作为重点，推进教师博客、校务微博、班级微博、校园微信公众号建设，扩大网络主流舆论阵地，以弘扬网上思想文化主旋律、推进网络思想文化阵地建设、增强网络文化育人功效为目标。

参考文献

[1] 白雪.高职思想政治教育有效性发挥的困境及出路[J].内蒙古财经学院学报(综合版),2012(5):111-115.

[2] 白永生,李俊俊.高校辅导员应具备的意识形态工作能力[J].教育与职业,2015(32):62-64.

[3] 常海亮.大学生暑期社会实践育人功能发挥的现状及对策研究[D].武汉:华中农业大学,2014.

[4] 陈佳.高校思想政治教育载体有效运用研究[D].锦州:渤海大学,2017.

[5] 陈彦武.高校第二课堂项目对大学生"三创"能力的影响及管理创新研究[D].衡阳:南华大学,2011.

[6] 陈叶梅,贾志永,王彦.大学生创新创业基础[M].成都:西南交通大学出版社,2016.

[7] 杜永红.大学生网络创新创业教育[M].北京:北京理工大学出版社,2016.

[8] 范芹.大学生思想政治教育协同育人机制研究[D].天津:天津工业大学,2017.

[9] 付贺伟,丁婷婷.高职院校思想政治教育体系的构建方法[J].商,2013(10):253-253.

[10] 傅安洲.大学生创新创业教育的理论与实践[M].武汉:中国地质大学出版社,2015.

[11] 甘霖.高校实践育人研究[M].北京:人民出版社,2015.

[12] 花卉.高校思想政治教育实践育人体系建构研究[D].杭州:中国计量学院,2014.

[13] 黄慧,伍佰军.大学生社会实践长效机制研究[J].黑龙江教育(高教研究与评估),2015(6):103-105.

[14] 黄荣悦.职校第二课堂管理系统分析和设计[D].昆明:云南大学,2015.

[15] 黄昕,王江生,姚茂华.民族地区大学生创新创业教育实务[M].成都:西南交通大学出版社,2016.

[16] 李璐.基于第二课堂的大学生社会主义核心价值观教育研究[D].西安:西安建筑科技大学,2015.

[17] 刘社.高校思想政治理论课实践育人模式创新研究[M].北京:世界图书出版公司,2013.

[18] 刘妍.全国高校思想政治教育基础理论创新高端论坛综述[J].思想教育研究,2017(5):122-124.

[19] 马小红.社会实践是提高大学生就业能力的重要途径[J].教育探索,2013(4):52-53.

[20]　马雅红.大学生创新创业教育基础与能力训练[M].北京:北京理工大学出版社,2016.

[21]　马众,易甜甜.高校校园新媒体的育人功能及其实现研究[J].山西青年,2018(9):223.

[22]　梅鲜.高校思想政治教育第二课堂建设研究[D].上海:复旦大学,2013.

[23]　裴禹.网络交际活动在对外汉语第二课堂教学中的应用研究[D].长春:吉林大学,2016.

[24]　彭小平.论高校德育在生态文明教育方面的责任[J].企业家天地(理论版),2010(12):150-151.

[25]　秦颖,刘合波.文化生态视域下的高校文化研究[J].中国成人教育,2018(3):84-88.

[26]　史凤萍,边和平,刘薇.高校思想政治理论课教学课程论[M].徐州:中国矿业大学出版社,2019.

[27]　孙大光.高职院校第二课堂活动的问题与改进建议[D].呼和浩特:内蒙古师范大学,2015.

[28]　谈传生.高校实践育人机制创新研究[J].学校党建与思想教育,2019(24):61-63.

[29]　屠丹丹.第二课堂在大学生创业教育中的作用机制研究[D].上海:上海交通大学,2012.

[30]　汪海霞.高校生态法治文化教育的语义及其运行机制[J].广西社会科学,2016(6):224-228.

[31]　王春丽.新媒体环境下高校校园文化育人功能的有效实现[J].科幻画报,2019(6):192-193.

[32]　王海平.文化育人:高端技能型人才培养的必由之路[J].无锡职业技术学院学报,2013(2):5-9.

[33]　王菁华.传播技术与大学文化生态[M].青岛:中国海洋大学出版社,2017.

[34]　王丽峰.高校实践育人问题研究[D].大庆:东北石油大学,2014.

[35]　王琳.高校生态文化教育探讨[J].现代职业教育,2020(48):24-25.

[36]　王文霞.高等职业院校大学生社会实践长效机制的探索与研究[J].中小企业管理与科技(中旬刊),2015(11):176.

[37]　王宇翔.加强和改进高校辅导员制度建设,确保高校意识形态安全[J].吉林省教育学院学报,2016(8):114-116.

[38]　王忠.大学生思想政治教育实践育人机制创新研究[D].长春:东北师范大学,2016.

[39]　魏松.高职院校辅导员工作职责的底线研究[J].青年文学家,2015(32):186.

[40]　徐群,李娟.增强大学生思想政治教育实效性的载体探索[J].黑龙江教育·高教研究与评估,2010(7):45-47.

[41]　杨贤金.高校实践育人的探索与创新[M].北京:中国书籍出版社,2015.

[42]　张分分.高校实践育人多维路径研究[D].开封:河南大学,2014.

[43]　张贵礼.实践育人视角下大学生志愿服务长效机制研究[D].武汉:华中农业大学,2015.

[44] 张晋.浅谈青年辅导员队伍培养[J].科教文汇,2012(4):5.

[45] 张燕.创新创业经营决策模拟实训教程[M].南京:东南大学出版社,2016.

[46] 张一璃.高校思想政治理论教育内容与组织形式研究[D].长春:东北师范大学,2017.

[47] 张育广.实践育人[M].广州:广东高等教育出版社,2017.

[48] 赵良.当代大学生宗教信仰问题调查分析与对策[D].长春:吉林农业大学,2011.

[49] 郑金凤.大学生志愿服务的实践育人功能及其实现路径研究[D].福州:福建师范大学,2014.

[50] 仓道来.思想政治教育学[M].北京:北京大学出版社,2004.

[51] 陈秉公.思想政治教育学原理[M].沈阳:辽宁人民出版社,2001.

[52] 张耀山.思想政治教育学原理[M].北京:高等教育出版社,2001.